Schloss Einstein

Das offizielle Koch- und Backbuch

Patrick Rosenthal

Schloss Einstein

Das offizielle Koch- und Backbuch

Leckere Rezepte und spannende Geschichten aus dem Internat

riva

Inhalt

Süßes auf Schloss Einstein

Smoothies, Shakes und Cocktails

Salat und Snacks

Mittag- und Abendessen

Frühstück

Liebe Köchinnen und Köche,

ich freue mich riesig, euch mein neues Schloss-Einstein-Koch- und Backbuch vorstellen zu dürfen! Mein Name ist Patrick, und ich habe dieses Buch speziell für euch geschrieben, weil ich weiß, wie viel Spaß es macht, in der Küche zu experimentieren und leckere Köstlichkeiten zu zaubern. Es gibt nichts Schöneres, als in der Küche kreativ zu sein und dabei tolle Geschmackserlebnisse zu entdecken. Schloss Einstein hat mich viele Jahre begleitet, und ich liebe die Geschichten rund um Einstein genauso wie ihr.

In diesem Buch findet ihr nicht nur Einstein-Klassiker, sondern auch die Lieblingsrezepte einiger Schloss-Einstein-Charaktere!

Ihr könnt die Wunderwaffeln der Freytag-Schwestern ausprobieren, einen erfrischenden Smoothie aus dem »Eat, Smart & Green« nachmachen, Badus selbst gemachte Müsliriegel genießen und euch auf Kino-Snacks freuen. Das sind nur einige Beispiele der leckeren Gerichte, die euch in diesem Buch erwarten. Dazu gibt es ein paar News zu euren Lieblingsfiguren.

Ich hoffe, dass ihr genauso viel Spaß beim Kochen und Backen haben werdet wie ich. Lasst eurer Kreativität freien Lauf und zaubert köstliche Gerichte für euch und eure Familie. Gemeinsam in der Küche zu stehen schafft nicht nur leckere Speisen, sondern auch wunderbare Erinnerungen.

Zum Umgang mit den Rezepten:

vegetarisch enthält Fisch oder Fleisch kurze Zubereitungszeit

Viel Freude beim Kochen und Backen!

Euer

Patrick

Und immer daran denken:

SICHERHEIT GEHT VOR: Wasche dir vor dem Kochen oder Backen die Hände gründlich mit Seife und frage einen Erwachsenen um Hilfe, wenn du mit scharfen Messern oder heißen Herdplatten arbeiten musst.

VORBEREITUNG IST DER SCHLÜSSEL: Lies das Rezept zuerst sorgfältig durch, um zu verstehen, was du tun musst. Stelle sicher, dass du alle Zutaten und alles Equipment bereit hast, bevor du startest.

MESSEN UND WIEGEN: Verwende Messbecher und eine Küchenwaage, um die Zutaten genau abzumessen. Genauigkeit ist beim Kochen und Backen entscheidend.

PROBIEREN IST ERLAUBT: Scheue dich nicht davor, neue Zutaten auszuprobieren und zu kosten, wenn es sicher ist. So lernst du neue Geschmacksrichtungen kennen.

MISCHE VORSICHTIG: Wenn du Teig mischst oder Zutaten vermengst, gehe sanft vor, besonders wenn es um Eier oder Mehl geht. Zu viel Rühren kann manchmal das Ergebnis beeinflussen.

ZEIT IM AUGE BEHALTEN: Achte darauf, wie lange dein Gericht kochen oder backen muss. Du kannst einen Timer verwenden, um sicherzustellen, dass es nicht verbrennt.

KREATIVITÄT IST WILLKOMMEN: Wenn du eine Idee für eine leckere Variation hast, probiere es aus!

AUFRÄUMEN GEHÖRT DAZU: Nach dem Kochen oder Backen hilft es, sofort mit dem Aufräumen zu beginnen.

GEMEINSAM GENIESSEN: Das Beste am Kochen und Backen ist das gemeinsame Essen. Setze dich mit Familie oder Freundinnen und Freunden an den Tisch und genieße deine köstlichen Kreationen.

Du willst einige Gerichte in ein veganes Gericht verzaubern? Ganz einfach:

MILCH: Statt Kuhmilch kannst du pflanzliche Milchalternativen wie Mandelmilch, Sojamilch, Hafermilch, Reismilch oder Kokosmilch verwenden. Diese sind in den meisten Supermärkten erhältlich und bieten verschiedene Geschmacksrichtungen und Konsistenzen.

BUTTER: Anstelle von Butter kannst du vegane Margarine oder Kokosöl verwenden. Es gibt auch spezielle vegane Butteralternativen im Handel, die sich gut zum Backen und Braten eignen.

JOGHURT: Es gibt eine Vielzahl von veganen Joghurtalternativen, die aus Soja, Mandeln, Hafer oder Kokosnüssen hergestellt werden. Diese sind nicht nur für Müsli geeignet, sondern auch für Smoothies oder als Zutat in herzhaften Gerichten.

JOGHURT IN HERZHAFTEN GERICHTEN: Anstelle von Sauerrahm oder Crème fraîche in herzhaften Rezepten kannst du pflanzlichen Joghurt verwenden, um die gleiche Cremigkeit zu erzielen.

KÄSE: Vegane Käsealternativen werden immer beliebter. Du kannst sie in Scheiben, gerieben oder in Blöcken finden. Sie werden aus verschiedenen Zutaten wie Nüssen, Soja oder Kartoffeln hergestellt und bieten eine breite Palette an Geschmacksrichtungen.

PARMESAN: Vegane Parmesanalternativen auf Nussbasis oder Hefeflocken können deine Pasta- und Salatgerichte genauso gut verfeinern wie traditioneller Parmesan.

SAHNE: Pflanzliche Sahnealternativen wie Sojasahne oder Hafercreme eignen sich hervorragend als Ersatz für herkömmliche Sahne in Suppen, Soßen und Desserts.

GELATINE: Agar-Agar, ein pflanzliches Geliermittel, kann anstelle von tierischer Gelatine verwendet werden, um Desserts und Gelees zu festigen.

HONIG: Anstelle von Honig kannst du auf vegane Alternativen wie Ahornsirup, Agavendicksaft oder Reissirup zurückgreifen, um Süße in deinen Speisen zu erreichen.

EIER: Als Ei-Ersatz in Rezepten kannst du Apfelmus, pürierte Bananen, Leinsamenmehl oder Sojamehl verwenden. Diese Zutaten verleihen deinen Backwaren Feuchtigkeit und Bindung, ohne dass du auf Eier zurückgreifen musst. Die Wahl des Ei-Ersatzes hängt von deinem Rezept und deinem Geschmack ab. Beachte jedoch, dass sich der Geschmack und die Textur des fertigen Produkts je nach Ei-Ersatz leicht ändern können. Experimentiere und finde heraus, welche Option am besten zu deinen Bedürfnissen und Vorlieben passt.

APFELMUS: Du kannst etwa ¼ Tasse Apfelmus (ungezuckert) für ein Ei in Backrezepten verwenden. Dies ist eine großartige Option, um Feuchtigkeit hinzuzufügen, insbesondere in Muffins und Kuchen.

PÜRIERTE BANANEN: Eine reife pürierte Banane kann ein Ei in vielen Rezepten ersetzen. Dies verleiht dem Gebäck eine natürliche Süße und eine fluffige Konsistenz. Verwende etwa ½ Banane für ein Ei.

LEINSAMENMEHL: Mische 1 EL gemahlenen Leinsamen mit 3 EL Wasser und lasse die Mischung für einige Minuten quellen. Dies entspricht etwa einem Ei und funktioniert gut in Rezepten für Pfannkuchen, Muffins und Brownies.

SOJAMEHL: 1 EL Sojamehl vermischt mit 2 EL Wasser kann ein Ei in Rezepten ersetzen. Diese Mischung eignet sich besonders gut für das Binden von Bratlingen oder als Ei-Ersatz in herzhaften Gerichten.

FREYTAG
WAFFELN

Süßes auf Schloss Einstein

Marlons Ausstechtoasts

Seit Marlon Beck ins Internat gezogen ist, vermisst er seine Mutter. Die Ausstechtoasts sind für ihn wie eine Zeitreise zurück nach Hause, da seine Mutter ihm diese immer zum Frühstück machte. Einmal wollte er ihr die Toasts machen, aber er fand die Ausstecher nicht. Also nahm er den Deckel einer Gewürzdose, aber da klemmte der Toast darin fest! Er zog, drehte und wackelte, aber der Toast blieb fest im Deckel stecken. In diesem Moment kam seine Mum in die Küche und musste voll lachen. Trotzdem war es für Marlon ein cooles Erlebnis. Als Tahmina Ziaar neu aufs Internat kam, zeigte Marlon ihr, wie man die Toasts macht. Tahmina entschied sich, ihren eigenen Toast zu kreieren. Sie legte eine dicke Schicht Käse darauf und schob ihn in den Toaster. Klar, was passierte: Der Käse brannte an und der Toaster war im Eimer.

Für 1 Portion

2 Sandwichtoastscheiben
etwas Butter
bunte Streusel und/oder Schokoladenraspel

1. Eine Scheibe Toast dünn mit Butter bestreichen und mit Streuseln und Schokoladenraspeln bestreuen.
2. Aus der zweiten Scheibe mit einem Keksausstecher ein Motiv ausstechen, auf den anderen Toast legen und leicht andrücken.

Herzhafte Variante

Für 1 Portion

1 EL Mayonnaise oder Remoulade
1 EL geriebener Parmesan
2 EL Sonnenblumenöl
1 Scheibe Sandwichtoast
1 Ei
Salz
Pfeffer

1. Die Mayonnaise und den Parmesankäse verrühren und beide Toastseiten damit bestreichen. Die Mitte des Toasts mit einen Keksausstecher (Ø ca. 5 cm) ausstechen.
2. Öl in der Pfanne erhitzen, Toastscheibe einlegen und von einer Seite kurz anbraten. Umdrehen (am besten mit einem Pfannenwender) und sofort ein Ei in die Mitte schlagen, mit Salz und Pfeffer würzen.
3. In 3–4 Minuten fertig braten und sofort servieren.

Chiaras bunte süße Sushi

Chiara Dorn, die wie ein lebendes Emoji durch die Hallen hüpft. Stellt euch vor, jemand hätte ein Einhorn und einen Regenbogen in einen Mixer geworfen – das Ergebnis wäre Chiara! Mit einem Herz, das so farbenfroh ist wie ihre verrückten Sushi-Kreationen, ist sie der lebende Beweis, dass Spaß und Freude ansteckend sind. Sie vertraut darauf, dass das Universum einen Plan hat, selbst wenn es manchmal so aussieht, als ob das Universum sein Navi verloren hätte. Ihre Superpower? Sie versteht, dass jeder mal einen schlechten Tag hat, und ist immer da, um mit einem witzigen Spruch oder einer verrückten Idee wieder ein Lächeln auf die Gesichter zu zaubern. In dieser fröhlichen und farbenfrohen Atmosphäre gibt es ein ganz besonderes Rezept: Chiaras bunte süße Sushi. Diese köstlichen Leckerbissen sind genauso einzigartig wie Chiara selbst.

Für 2 Portionen

125 g Sushi-Reis
75 ml Wasser
1 ½ EL Reisessig
½ EL Zucker
½ TL Salz
75 ml Kokosmilch
1 TL Reissirup

Topping/Füllung nach Belieben:

Obst (z. B. Kiwi, Mango)
Minzblättchen
Kokosraspel
Sesamkörner

1. Reis in ein Sieb geben und gut durchwaschen, um die restliche Stärke zu entfernen. Wasser dazugeben und 10 Minuten einweichen.
2. Den Reis auf höchster Stufe aufkochen lassen. Wenn das Wasser kocht, auf mittlere Stufe reduzieren und den Reis ca. 20 Minuten mit geschlossenem Deckel köcheln lassen, bis das Wasser verdampft ist. 5 Minuten ruhen lassen.
3. Essig, Zucker und Salz verrühren. Essigmischung über den Reis geben und durchziehen lassen.
4. Kokosmilch und Reissirup hinzugeben, gut vermengen und auskühlen lassen.
5. Obst waschen, schälen und in dünne Scheiben schneiden. Für Maki eignen sich am besten 6 cm lange und 3 cm dicke Obstscheiben. Minzblättchen waschen und trocken schütteln.

Nigiri

1. Hände leicht anfeuchten.
2. Aus dem Reis 12 längliche Bällchen formen.
3. Obstscheibe obendrauf legen. Mit frischer Minze, Kokosraspeln oder Sesam dekorieren und servieren.

Maki

1. Klarsichtfolie auf die Bambusmatte legen. Etwas Reis darauf verteilen.
2. Obstscheiben quer und eng aneinander auf die Reismatte legen. Die Matte vorsichtig zusammenrollen, immer wieder nachgreifen und zusammenpressen.
3. Die Rolle in Scheiben schneiden.
4. Mit frischer Minze, Kokosraspeln oder Sesam dekorieren und servieren.

Verliebt-sein-Kugeln ohne Zucker

Als Io Pück spürte, dass sie immer mehr Gefühle für Leon Gajewsky entwickelte, fand sie einen coolen Weg, ihm ihre Zuneigung zu zeigen: Sie begann damit, für ihn gesunde, zuckerfreie Snackbälle herzustellen. Leon hat Diabetes und deshalb ist es gar nicht soooo leicht, ihm eine süße Freude zu machen. Mit den zuckerfreien Kugeln ist Io ein richtiger Coup gelungen. Sie verwendete natürliche Süßungsmittel wie Datteln und fügte Nüsse und Haferflocken für zusätzliche Energie und Nährstoffe hinzu. Perfekt für die beiden Brains, denn ihre Wind-Energie-Maschine im Zukunftswettbewerb hat ganz schön viel Brainpower gekostet.

Energy Balls

Für 12 Stück

150 g Trockenfrüchte (z. B. Datteln, Aprikosen)

1 Vanilleschote

100 g gemischte Nüsse (z. B. Walnüsse, Haselnüsse, Mandeln)

1 Prise Salz

30 g Backkakao

20 g getrocknete Beeren

20–30 g Kokosraspel, gemahlene Mandeln oder Kakaopulver

1. Trockene Datteln mindestens 15 Minuten einweichen.
2. Aprikosen und/oder Datteln im Mixer kurz pürieren.
3. Vanilleschote aufschneiden und das Mark mit einem Messer herauskratzen.
4. Nüsse, Salz, Mark der Vanilleschote, Kakaopulver und Beeren zu den Trockenfrüchten hinzugeben.
5. Zu einer glatten Masse verrühren. Wenn die Masse zu fest wird, 1–2 EL Wasser hinzugeben.
6. Aus der Masse 16 kleine Kugeln formen. Nach Belieben in gemahlenen Mandeln, Kakaopulver oder Kokosraspel wälzen.
7. Kugeln im Kühlschrank aufbewahren, so sind sie 2–3 Wochen haltbar.

Gesunde Snackkugeln

Für 14 Stück

150 g Karotten

70 g Haferflocken

100 g Nüsse (z. B. Walnüsse, Haselnüsse, Mandeln)

1 Prise Salz

1 TL Zimt

1 TL Vanilleextrakt

100 g weiche Trockenfrüchte (z. B. Aprikosen)

Kokosraspel

1. Karotten waschen, schälen und fein raspeln.
2. Haferflocken, Nüsse, Salz, Zimt und Vanilleextrakt in einem Mixer fein mahlen.
3. Trockenfrüchte und geraspelte Karotten hinzugeben und gut mixen, bis eine glatte Masse entsteht.
4. Aus der Mischung 14 Bällchen formen. Nach Belieben in Kokosraspeln wälzen.
5. Kugeln im Kühlschrank aufbewahren.

Gut zu wissen

Kakaopulver: Kakaopulver ist wie der Zauberstaub der Schokolade. Es wird aus Kakaobohnen gemacht, die gemahlen werden, um ein feines Pulver zu erhalten. Kakaopulver hat einen reichen Schokoladengeschmack, aber es ist normalerweise nicht süß. Das bedeutet, es ist nicht so wie Schokolade, die wir essen. Du kannst es in warme Milch rühren und ein wenig Zucker hinzufügen, um Kakao zu machen. Es ist auch toll, um Kuchen und Kekse schokoladig zu machen.

Backkakao: Backkakao ist ein ganz besonderes Kakaopulver, das extra stark und intensiv ist. Es wird speziell für das Backen von Schokoladenkuchen und Brownies verwendet. Wenn du Backkakao in deinen Kuchen gibst, wird er superschokoladig und lecker! Aber Vorsicht, Backkakao ist nicht zum Trinken geeignet, weil er zu bitter ist. Er ist nur für Rezepte gedacht, bei denen du noch Zucker und andere Zutaten hinzufügst, um den Geschmack auszugleichen.

Fertiges Kakaopulver zur Zubereitung von Milchgetränken: Das ist ein leckeres Fertigpulver, das du in Milch rührst, um eine köstliche Schokoladenmilch zu machen. Es ist wie ein Schokoladenzauber für deine Milch! Aber es enthält auch meist viel Zucker.

Was ist eigentlich Diabetes?

Stellt euch vor, in eurem Körper gibt es eine winzige Fabrik, die dafür sorgt, dass ihr viel Energie habt, um zu spielen, zu lernen und Spaß zu haben. Diese Fabrik heißt Bauchspeicheldrüse. Eine der wichtigsten Aufgaben, die sie hat, ist die Herstellung eines Stoffes namens Insulin. Insulin ist wie ein kleiner Helfer, der den Zucker aus der Nahrung, die ihr esst, nimmt und ihn in Energie umwandelt, die euer Körper verwenden kann.

Diabetes ist eine Krankheit, bei der diese Fabrik entweder nicht genug Insulin herstellt oder der kleine Helfer Insulin nicht richtig arbeitet. Das bedeutet, dass der Zucker nicht richtig in Energie umgewandelt werden kann und im Blut bleibt, anstatt sich zu den Teilen des Körpers zu bewegen, die Energie brauchen. Das ist so, als ob ihr eine Taschenlampe hättet, aber die Batterien nicht richtig funktionieren.

Es gibt zwei Haupttypen von Diabetes: Typ 1 und Typ 2. Bei Typ 1 produziert die Bauchspeicheldrüse kein Insulin, und Menschen mit Typ 1 müssen Insulin von außen nehmen, zum Beispiel durch eine Spritze oder eine Pumpe. Bei Typ 2 produziert die Bauchspeicheldrüse nicht genug Insulin oder der Körper kann es nicht richtig verwenden. Manchmal können Menschen mit Typ 2 ihren Diabetes mit einer gesunden Ernährung, Bewegung und manchmal auch mit Medikamenten kontrollieren.

Aber keine Sorge, Menschen mit Diabetes können immer noch ein normales, glückliches Leben führen. Sie müssen nur ein bisschen mehr auf ihre Gesundheit achten. Sie können immer noch spielen, Sport treiben, zur Schule gehen und Spaß haben wie alle anderen auch!

Kleine Maronen-Igel

Massuda Phanit und Elly Hockenbrink könnten die Stars einer coolen Girlgroup oder energiegeladene Background-Tänzerinnen sein. Massuda, die aus einem strengen Elternhaus kommt, nutzt ihre Zeit auf Schloss Einstein voll aus – Party nonstop! Und Elly, ja, die kann ziemlich zickig sein, aber beim Backen zeigt sie ihre süße Seite. Die beiden stehen aufs Backen – bunte Muffins und megacoole Kekse. Nicht nur zum Chillen, sondern auch, um sich für die nächste Lernsession zu wappnen. Dabei muss immer ein fetter Beat laufen. Ihre Backsessions sind voller Lachen und Storys – ein bisschen wie ihre eigene Partyküche. Und wenn's um niedliche Igel-Kekse geht, sind die beiden voll dabei!

Für 30 Stück

200 g Maronen, vorgegart
200 g Mehl
1 TL Zimt
120 g brauner Zucker
1 Pck. Vanillezucker
1 Eigelb
180 g Butter, Zimmertemperatur
200 g Kuvertüre
1 TL Kokosfett
50 g Schokoladenstreusel

1. Maronen fein reiben und mit Mehl, Zimt, Zucker, Vanillezucker, Eigelb und Butter zu einem Teig verrühren.
2. Teig in Frischhaltefolie einpacken, flach drücken und für 1 Stunde in den Kühlschrank geben.
3. Backofen auf 180 °C Ober-/Unterhitze vorheizen und ein Backblech mit Backpapier auslegen.
4. Teig in 30 Stücke teilen und zu Kugeln formen, jede Kugel zu Tropfen formen und auf das Backblech legen.
5. Im Ofen 20–25 Minuten goldbraun backen, dann vollständig auskühlen lassen.
6. Kuvertüre mit Kokosfett über einem Wasserbad schmelzen lassen.
7. Das untere Drittel der Tropfen in die Schokolade tunken, abtropfen lassen und mit Schokoladenstreuseln bestreuen.
8. Die restliche Kuvertüre in einen Spritzbeutel füllen, Augen und Nase aufspritzen und trocknen lassen.

Nesrins Haferflocken-Pancakes mit Zimt-Bananen

Nesrin Schulze liebt Pancakes. Aber nicht irgendwelche Pancakes – nein, sie hat ein Geheimrezept, das ihr Superkräfte verleiht: Haferflocken-Power! Klingt verrückt, aber probiert es mal aus, bevor ihr urteilt.

Nesrin ist nicht nur eine Meisterin am Pfannenwender, sondern auch eine Blitzschnelle auf der Laufbahn. Sie ist so flink, dass sie quasi in Lichtgeschwindigkeit von null auf hundert sprintet, und hat damit voll verdient einen Platz im Nachwuchsteam ergattert. Stellt euch vor, ihr seht nur einen Schatten und – zack – ist sie schon im Ziel!

Sie ist auch eine echte Quasselstrippe. Manchmal schießen die Worte aus ihrem Mund wie Raketen, bevor ihr Gehirn den »Senden«-Button drücken kann. Ihr könnt euch nicht vorstellen, wie oft sie im Unterricht antwortet, bevor der Lehrer überhaupt seine Frage beendet hat. Und jedes Mal sorgt das für mega Lacher in der Klasse.

Jetzt kommt der Knaller: Nesrin ist die unangefochtene Streiche-Königin. Selbst Hermann, der Oberspaßvogel der Schule, kommt da nicht mit. Ihr bester Streich? Sie hat alle Sportschuhe im Umkleideraum versteckt und dann so getan, als hätte sie eine revolutionäre Schuhsuchmaschine erfunden. Alle sind durchgedreht, während sie sich vor Lachen kaum halten konnte. Classic Nesrin!

Also, wenn ihr das nächste Mal an Pancakes denkt oder jemanden seht, der schneller spricht, als sein Schatten läuft, denkt an Nesrin, die flinke Pfannenheldin und Spaßmacherin vom Albert-Einstein-Gymnasium.

Für 4 Personen

40 g Butter
200 ml Buttermilch
2 Eier
1 Prise Salz
150 g zarte Haferflocken
150 g Weizenmehl
1 TL Backpulver
80 g Haselnüsse
4 Bananen
3 EL Honig
½ TL Zimt

1. 30 g Butter in einer Pfanne schmelzen, dann mit der Buttermilch, Eiern und Salz in einer Schüssel glatt rühren.
2. Haferflocken, Mehl und Backpulver hinzugeben und unterheben. Teig 10 Minuten ruhen lassen.
3. Haselnüsse grob hacken. Bananen schälen und in Scheiben schneiden.
4. Die restliche Butter in einer Pfanne schmelzen lassen und die Bananenscheiben darin von jeder Seite 3 Minuten anbraten. Honig über die Bananen träufeln, mit Zimt bestreuen und 1 Minute braten. Danach zur Seite stellen.
5. Eine weitere Pfanne mit etwas Butter erhitzen und je 2 EL Teig hineingeben. Pancakes von beiden Seiten goldbraun braten und herausnehmen. Vorgang wiederholen, bis der Teig aufgebraucht ist.
6. Mit Zimt-Bananen und Haselnüssen anrichten und servieren.

Constanzes und Dominiks Kürbis-Fuchskuchen

Herbst ist angesagt. Constanze und Dominik von Blumenberg, die coolen Geschwister von Schloss Einstein, haben ihrer Schule und den Leuten was Cooles gebacken: einen Herbstkuchen, der aussieht wie ein süßer. Mega, oder? Constanze, bekannt für ihre ehrgeizige, manchmal kühle Art, offenbart eine ganz andere Seite, wenn sie in den Kreis ihrer besten Freundinnen tritt oder einen seltenen innigen Moment mit ihrem Bruder Dominik teilt. Dominiks Quatschkarriere gipfelte sicher in seiner Zeit als »Bio«-Marmeladenverkäufer auf dem Schulhof – obwohl es sich in Wahrheit um clever umetikettierte Discounterware handelte. Als sie einen Kuchen für die Schule machen wollten, kam Dominik mit Kürbis statt Karotten. Statt Stress zu schieben, haben sie einfach gelacht und einen Kürbiskuchen im Fuchs-Look gezaubert. Der Hit bei allen! Und die Karottenpanne? Ein megawitziger Moment!

Für 1 Springform Ø 20 cm

220 g Mehl (260 g, falls du Kürbispüree verwendest)

1 Prise Salz

1 TL Zimt

½ TL gemahlener Ingwer

½ TL Backpulver

3 Eier

220 g Zucker

170 g Butter, Zimmertemperatur

1 TL Vanilleextrakt

150 g geriebener Hokkaido oder Kürbispüree

Puderzucker für die Dekoration

Schokokugeln für die Dekoration

1. Backofen auf 180 °C Ober-/Unterhitze vorheizen und eine Springform einfetten.
2. Mehl, Salz, Zimt, Ingwer und Backpulver vermengen.
3. Eier mit dem Zucker schaumig rühren. Butter unterrühren. Vanille unterrühren.
4. Mehlmischung unterrühren und fein geriebenen Kürbis oder Kürbispüree unterheben.
5. Teig in die Form geben und 30–40 Minuten goldbraun backen.
6. Kuchen aus dem Ofen nehmen und abkühlen lassen.
7. Kuchen vorsichtig aus der Form nehmen und dekorieren.

Tipps:

1 TL Kurkuma färbt den Kuchen noch etwas, sodass du eine schöne orangene Fuchsfarbe bekommst. Ich habe Kürbispüree genommen und die Farbe war schon genau richtig.

Kürbispüree kannst du ganz einfach selber machen. Dafür den Kürbis würfeln und im Ofen bei 180 °C Ober-/Unterhitze 30 Minuten backen, dann pürieren.

Für die Fuchsohren nimmst du zwei Herbstblätter und legst sie unter den Kuchen.

Knüppelkuchen

Die Lagerfeuerabende auf Schloss Einstein sind legendär! Ein magischer Moment, wenn sich alle um das knisternde Feuer versammeln, um Geschichten zu teilen. Neben dem klassischen Stockbrot, das über den Flammen gebacken wird, ist ein weiteres Highlight dieser gemütlichen Runden der beliebte Knüppelkuchen. Knüppelkuchen, auch bekannt als Stockkuchen oder Schlangenbrot, ist ein einfaches, aber unglaublich leckeres Gebäck, das durch das gemeinschaftliche Erlebnis des Backens direkt am Feuer begeistert. Die Zubereitung macht superviel Spaß: Jeder wickelt seinen eigenen Teig um einen Stock und hält ihn über die Glut, bis er goldbraun und knusprig wird.

Für ca. 12 Stück

1 kg Mehl
1 Prise Salz
1 Pck. Backpulver
125 g Zucker
1 Pck. Vanillezucker
5 Eier
evtl. 1 Schuss Wasser
Puderzucker (optional)

1. Mehl in eine große Schüssel sieben. Eine winzige Prise Salz und Backpulver hinzufügen, alles gut verrühren. Zucker und Vanillezucker dazugeben. Eier aufschlagen, zugeben und zu einem Teig verrühren. Wenn der Teig zu fest ist, kann ein bisschen Wasser hinzugefügt werden.
2. Teig mit den Händen kneten. Das bedeutet, dass du den Teig so zusammenrollst und drückst, bis er schön glatt und geschmeidig ist.
3. Den Teig um Stöcke oder Stäbe wickeln und mit Alufolie abdecken. Die Stöcke oder Stäbe mit dem Teig über das Feuer halten, aber passt gut auf und fragt einen Erwachsenen, um sicherzustellen, dass ihr euch nicht verbrennt.
4. Stöcke oder Stäbe immer wieder drehen, bis der Teig überall goldbraun und lecker ist.
5. Optional vor dem Probieren mit etwas Puderzucker bestäuben. Sei vorsichtig, der Knüppelkuchen kann sehr heiß sein. Viel Spaß beim Essen!

Happy Ice

Eis geht immer. Einmal »entwendeten« Pawel Kronbügel und Heinz Sirius Pasulke die Eistruhe des Imbiss und schafften sie zum Internat, wo sie die übrigen Einsteiner einluden, sich zu bedienen. Die Sorten Zitrone und Erdbeere sind heute immer noch der Renner auf Schloss Einstein. Aber Eis eignet sich auch für ein cooles Date. Marlon ist ziemlich verknallt in Nesrin und zeigt es ihr auf seine Art – er taucht mit einem riesigen »Happy Ice Cream Erdbeere«-Eisbecher bei ihr auf, liebevoll dekoriert mit einer glitzernden Wunderkerze obendrauf. Eine zuckersüße Liebeserklärung! Damit ihr das leckere Eis auch probieren könnt, hat uns Happy Ice (die Firma, die das Eis herstellt) das Rezept verraten.

Happy Ice Cream Zitrone

Für 4 Portionen

2 Zitronen
70 g Zucker
2 EL Wasser
150 ml Sahne
50 g Joghurt

1. Zitronen waschen und von einer Zitrone die Schale abreiben. Zitronenschale und Zucker in einem Mörser grob zerdrücken.
2. Den Saft aus beiden Zitronen auspressen und mit Zucker und Wasser in einem Topf aufkochen lassen. 3 Minuten köcheln lassen, bis sich der Zucker aufgelöst hat. Danach abkühlen lassen.
3. Sahne steif schlagen. Zuckersirup und Joghurt unter die Sahne heben.
4. Eismasse im Gefrierfach für einige Stunden gefrieren lassen.

glace
HAVE A NICE DAY
DOWAN

Happy Ice Cream Erdbeere

Für 6 Portionen

250 g Erdbeeren
200 ml Sahne
200 ml Milch
160 g Zucker
1 EL Zitronensaft

1. Erdbeeren waschen, Stielansatz entfernen, in kleine Stücke schneiden und im Mixer pürieren. Sahne steif schlagen.
2. Erdbeerpüree mit Milch, Zucker und Zitronensaft verrühren. Sahne unterheben.
3. Masse für ca. 30 Minuten in der Eismaschine gefrieren lassen.

Zubereitung mit der Eismaschine

Die Masse 30–60 Minuten im Kühlschrank kühl stellen. Anschließend in der Eismaschine gefrieren lassen.

Zubereitung ohne Eismaschine

Wenn du keine Eismaschine hast, kannst du das Eis trotzdem herstellen! Gieße die Mischung nach dem Verrühren in eine flache, gefrierfeste Schüssel. Stelle sie dann in den Gefrierschrank.

Nimm nach etwa 1 Stunde die Schüssel heraus und rühre das Eis kräftig mit einem Löffel um, um die Eiskristalle zu zerbrechen. Das hilft, dein Eis schön cremig zu machen.

Wiederhole diesen Schritt alle 30 Minuten für etwa 2–3 Stunden. Dein Eis wird nach jeder Runde cremiger. Wenn es die gewünschte Konsistenz erreicht hat, kannst du es genießen! Denke daran, es vor dem Servieren ein paar Minuten bei Raumtemperatur stehen zu lassen, damit es leichter zu portionieren und zu löffeln ist.

Jonas und Hermanns bunter Schleim

Also, Jona Chung und Hermann Zech sind die absoluten BFF auf Schloss Einstein und echte Meister der Streiche. Die beiden sind wie Erbsen und Karotten – immer zusammen und immer gut für einen Lacher. Ihr aktuelles Projekt? Sie haben Götterspeise neu erfunden und nennen das Zeug liebevoll »Schleim«. Klingt eklig? Ist aber megacool! Die beiden haben die Kunst des Götterspeise-Machens auf ein neues Level gehoben. Sie mischen Farben und Aromen, als wären sie verrückte Wissenschaftler in einem Labor. Stellt euch vor: lila Götterspeise mit Limettengeschmack oder neongrüner Schleim, der nach Erdbeeren schmeckt. Manchmal werfen sie sogar kleine Überraschungen rein wie Fruchtstückchen oder Gummibärchen, um die Sache noch abgefahrener zu machen. Bei einer Party auf Schloss Einstein haben Jona und Hermann heimlich eine Riesenportion ihres Schleims vorbereitet. Sie haben das Zeug als eine Art Kunstprojekt präsentiert. Stellt euch die Gesichter der anderen vor, als sie die bunte, wackelnde Masse gesehen haben. Der Schleim war der absolute Hit der Party! Kurz gesagt, Jona und Hermann sind nicht nur die Könige der Streiche, sondern auch die unangefochtenen Schleim-Meister von Schloss Einstein. Immer wenn es um verrückte Ideen und mega Lacher geht, sind die beiden ganz vorne mit dabei.

Himbeer-Schleim

Für 4 Portionen

500 g Himbeeren

3 EL Himbeersirup

400 ml Kirschnektar

3 EL Zitronensaft

6 Blätter Gelatine

1. Himbeeren, Sirup, Kirschnektar und Zitronensaft in einen Kochtopf geben und bei mittlerer Hitze etwa 5–6 Minuten köcheln lassen.
2. Die Mischung durch ein feines Sieb streichen. Den gefilterten Saft mit Wasser auf 800 ml auffüllen.
3. Die Gelatine in kaltem Wasser einweichen lassen. Anschließend ohne Ausdrücken in einem Topf sanft erhitzen, bis sie sich vollständig auflöst, dabei stetig rühren.
4. Den Himbeer-Kirsch-Saft zur gelösten Gelatine geben und gut vermischen.
5. Die Flüssigkeit gleichmäßig auf Puddingformen verteilen und mindestens 4 Stunden im Kühlschrank fest werden lassen.
6. Um den Wackelpudding anzurichten, diesen vorsichtig auf Dessertteller stürzen.

Noch mehr Schleim-Ideen

Dieser Himbeer-Schleim ist nicht nur lecker, sondern bietet auch viel Raum für Kreativität und Spaß. Hier sind einige Tipps und Variationen, um das Rezept noch spannender zu machen.

Farbvarianten

Grüner Schleim: Verwende Kiwis oder grünen Traubensaft anstelle des Kirschsafts für einen gruseligen grünen Schleim und färbe ihn mit Lebensmittelfarbe noch intensiver ein.

Blauer Schleim: Blaubeeren und blauer Sirup können für eine mystisch blaue Variante sorgen.

In Gläsern servieren

Füllt den Schleim in durchsichtige Gläser, um die wackelnde Konsistenz und die leuchtende Farbe richtig zur Geltung zu bringen.

Für eine extra gruselige Note könnt ihr Klebeaugen außen an den Gläsern befestigen. Das sieht besonders bei Halloween-Partys toll aus!

Mit kleinen Überraschungen

Setzt kleine, essbare Dekorationen wie Zuckeraugen oder kleine Gummifrüchte in den Schleim, bevor er fest wird. Das sorgt für eine lustige Überraschung beim Essen.

Für Kindergeburtstage könnt ihr kleine, saubere Plastiktiere in den Schleim setzen, bevor er fest wird. Achtet darauf, dass sie groß genug sind, um nicht verschluckt zu werden.

Geschmacksvariationen

Experimentiert mit anderen Früchten wie Erdbeeren, Orangen oder Mangos, um unterschiedliche Geschmacksrichtungen zu kreieren.

Verwendet verschiedene Sirupsorten, um den Geschmack zu variieren. Zum Beispiel kann Orangensirup für einen fruchtigen Twist sorgen.

Diese Variationen machen den Himbeer-Schleim zu einem spannenden und flexiblen Rezept, das immer wieder neu erfunden werden kann. Egal ob für eine Party, als lustiges Dessert oder einfach als kreativer Snack – mit diesen Ideen wird der Schleim garantiert zum Hit!

Wunderwaffeln der Freytag-Schwestern

Hey, Leute! Stellt euch vor, ihr startet das Schuljahr mit den legendären Wunderwaffeln von den Freytag-Schwestern – Finja, Leni und Flora. Diese Waffeln sind kein normales Frühstück, sondern ein echtes Farbspektakel mit vielen bunten Toppings! Als Finja und Flora neu auf Schloss Einstein waren, vermissten sie die aufregende Welt des Zirkus, in der sie groß wurden. Ihr wisst schon, mit all dem Trubel, den bunten Kostümen und der ganzen Magie. Also dachten sie sich: »Hey, lass uns ein bisschen Zirkuszauber ins Internat bringen!« Und was wäre da besser als Waffeln? Jedes Jahr, wenn das neue Schuljahr beginnt, freuen sich alle auf Schloss Einstein wie verrückt auf diese Wunderwaffeln. Sie sind nicht nur megalecker, sondern bringen auch ein bisschen Zirkusflair in den Schulalltag. Die Freytag-Schwestern haben dann angefangen zu experimentieren. Sie haben Lebensmittelfarben in den Teig gemischt und – BAM! – plötzlich gab's Waffeln in allen Regenbogenfarben. Stellt euch das mal vor: pinke, grüne, blaue Waffeln ... ein echter Hingucker!

Für ca. 10 Waffeln

Grundrezept

3 Eier
125 g Zucker
1 Pck. Vanillezucker
125 g Margarine
1 TL Backpulver
250 g Mehl
250 ml Milch
1 Prise Salz
Fett für das Waffeleisen

1. Eier, Zucker und Vanillezucker verrühren. Margarine hinzugeben und unterrühren.
2. Backpulver, Mehl, Milch und Salz hinzufügen und unterheben.
3. Portionsweise in einem gefetteten Waffeleisen goldgelb backen.

Leckere Variationen

Hier noch ein paar Variationen für den ultimativen Waffelspaß:

Schokoladenwaffeln: Füge zum ungefärbten Teil 2–3 EL ungesüßten Kakao hinzu und rühre ihn gut unter. Du kannst auch Schokoladenstückchen in den Teig einstreuen, um extra Schokoladengenuss zu bekommen.

Beerenwaffeln: Gib 1 Handvoll frische oder gefrorene Beeren (z. B. Blaubeeren oder Himbeeren) in den Teig, bevor du die Waffeln backst. Diese Waffeln werden fruchtig und leicht säuerlich.

Bananenwaffeln: Püriere 2 reife Bananen und füge sie dem Teig hinzu. Das gibt den Waffeln einen natürlichen Bananengeschmack und eine leicht süße Note.

Zimtwaffeln: Mische 1–2 TL gemahlenen Zimt in den Teig. Die Waffeln werden angenehm würzig.

Vanille-Erdnussbutter-Waffeln: Füge 2 TL Vanilleextrakt zum Teig hinzu und rühre 3 EL Erdnussbutter unter. Das ergibt Waffeln mit einer köstlichen Vanille-Erdnussbutter-Note.

Haferflocken-Waffeln: Ersetze die Hälfte des Mehls durch Haferflocken, um eine texturierte Note zu erhalten. Die Waffeln werden dadurch herzhafter und nahrhafter.

Apfel-Zimt-Waffeln: Reibe 1 kleinen Apfel und füge ihn zusammen mit 1 TL gemahlenem Zimt zum Teig hinzu. Diese Waffeln haben einen herbstlichen Apfelgeschmack.

Schichtwaffeln: Backe 2 dünne Waffeln und streiche Marmelade oder Nutella dazwischen für ein leckeres Waffelsandwich.

Joghurtwaffeln: Ersetze die Milch durch griechischen Joghurt, um proteinreiche Waffeln zu erhalten. Du kannst auch frisches Obst wie Erdbeeren oder Blaubeeren hinzufügen.

Bunte Waffeln: Verteile den Teig auf mehrere kleine Schüsseln und färbe jede Portion mit Lebensmittelfarbe in verschiedenen Farben ein.

Bienenstich vom Blech mit Pudding

Schulrat Dr. Berger von Schloss Einstein, immer im Bildungseifer, gönnt sich zwischendurch Bienenstich und Kaffee. Als Kind schon war er verrückt nach Wissenschaft, inspiriert von seinem Lehrer Schmidt, der sein Talent förderte. Diese Erinnerung trieb ihn an, selbst Lehrer zu werden, um anderen Kids dasselbe zu geben. Sein Highlight? Das »Schule in Bewegung«-Projekt und Wettbewerbe wie »Not just Rocket Science«, die junge Talente fördern. Bergers Bildungsleidenschaft wurzelt in seiner Kindheit und in dem Glauben, dass Bildung das Leben bereichert. Seine Story zeigt, wie prägend Lehrer sein können.

Für den Teig

250 ml Milch
1 Würfel frische Hefe
70 g Zucker
500 g Weizenmehl
1 Ei
70 g Butter
1 Prise Salz

Für die Mandelkruste

150 g Butter
3 EL Sahne
100 g Zucker
2 EL Honig
200 g Mandelblättchen

1. In einem kleinen Topf die Milch lauwarm erwärmen. Hefe hineinbröckeln. 1 TL Zucker hinzugeben und verrühren, bis der Zucker und die Hefe aufgelöst sind.
2. Mehl in eine Schüssel geben, in die Mitte eine Mulde eindrücken und die Hefemischung hinzugeben. Restlichen Zucker hinzufügen und mit etwas Mehl in der Mulde verrühren.
3. Die Schüssel zudecken und an einem warmen Ort 10 Minuten ruhen lassen.
4. Ei, weiche Butter und Salz hinzugeben. Den Teig mit einer Küchenmaschine glatt kneten.
5. Die Schüssel wieder zudecken und an einem warmen Ort noch mal für 30 Minuten ruhen lassen.
6. Ein tiefes Backblech mit Backpapier auslegen. Teig noch mal gut durchkneten und auf dem Backblech ausrollen. 20 Minuten ruhen lassen.

Für die Creme

- 500 ml Milch
- 400 g Sahne
- 80 g Zucker
- 2 Pck. Vanille-Puddingpulver
- 1 Pck. Sahnesteif

7. Backofen auf 190 °C Ober-/Unterhitze vorheizen.
8. Für die Mandelkruste Butter in einer Pfanne schmelzen. Sahne, Zucker und Honig dazugeben und aufkochen lassen.
9. Vom Herd nehmen und die Mandelblättchen unterheben. Leicht abkühlen lassen und anschließend auf den Hefeteig verteilen.
10. Den Kuchen 20–25 Minuten goldbraun backen, danach auskühlen lassen.
11. Für die Creme Milch, die Hälfte der Sahne (200 g), Zucker und Puddingpulver verrühren. In einem Topf zunächst aufkochen und dann unter ständigem Rühren lauwarm abkühlen lassen.
12. Den fertigen Kuchen in 16–20 Stücke schneiden und diese waagerecht halbieren.
13. Übrige Sahne mit Sahnesteif aufschlagen und unter den leicht abgekühlten Pudding heben.
14. Creme auf jedes Unterteil streichen und mit einem Oberteil zudecken.
15. Bienenstich vor dem Servieren für 1 Stunde in den Kühlschrank stellen.

Ellys Zitronenkuchen

Joshua wird 14 und er will mit niemandem feiern. Auch nicht mit seiner Schwester Elly. Zwar kennt Elly ihren Bruder und weiß, wie ruppig er seine Gefühle versteckt, aber als Joshua ihre Wünsche einfach nicht würdigt, beschließt sie, ihm einen Streich zu spielen. Joshua soll einen furchtbaren Geburtstag haben und Elly will das über eine Party erreichen. Richtig gehört: eine Party. Denn Joshua hasst so ziemlich alles, was »normalen« Kindern Spaß macht. Was ist schon normal …?

Für 1 Kastenform, Größe ca. 22 × 11 cm

200 g Mehl
1 Prise Salz
¼ TL Natron
½ TL Backpulver
125 g Butter
250 g Zucker
4 Zitronen
100 ml Buttermilch
2 Eier
150 g Puderzucker

1. Ofen auf 160 °C Umluft vorheizen und die Kastenform leicht einfetten.
2. Mehl mit Salz, Natron und Backpulver vermengen. Butter mit 200 g Zucker 5 Minuten mit dem Handrührgerät aufschlagen.
3. Zitronen heiß abwaschen. Die Schale der 4 Zitronen fein abreiben, zur Buttermischung geben und unterrühren. Buttermilch, Eier und Saft von ½ Zitrone zugeben und verrühren. Mehlmischung unterrühren.
4. Teig in die Form füllen und im Ofen 40–45 Minuten backen.
5. Kuchen in der Form 10 Minuten abkühlen lassen, dann aus der Form nehmen.
6. Saft von 2 Zitronen mit 50 g Zucker in einen Topf geben und aufkochen lassen, ständig rühren, bis sich der Zucker vollständig aufgelöst hat und der Sirup etwas eindickt.
7. Den noch warmen Kuchen mit einem Zahnstocher einstechen und den Zitronensirup langsam auf dem Kuchen verteilen. Abkühlen lassen.
8. Puderzucker mit etwas Zitronensaft zu einer dickflüssigen Masse verrühren und über den Kuchen geben.

Maxis Schatzsucher-Nougatrollen

Maxi Zielenski, die Abenteurerin. Sie hat nämlich eine Oma, Maggie, die in ihren Augen eine totale Heldin ist – eine Mischung aus Indiana Jones und Märchenfee. Oma Maggie hat Maxi immer mit ihren unglaublichen Geschichten verzaubert. Maxi erinnert sich gern an den Tag zurück, an dem sie beschloss, ihrer Oma zu zeigen, dass auch sie eine große Entdeckerin sein kann. Sie war damals fest davon überzeugt, dass irgendwo am Strand ein magischer Stein versteckt sein musste, der Wünsche erfüllen konnte. Klingt wie der Plot eines Fantasyfilms, oder? Also schnappte sich Maxi eine Schaufel und legte los wie eine waschechte Schatzjägerin. Sie buddelte stundenlang im Sand, während Oma Maggie das Ganze ziemlich amüsiert beobachtete. Maxi war so in ihre Mission vertieft, dass sie gar nicht mitbekam, wie sich ein Hund total happy im aufgewühlten Sand wälzte. Als sie dann erschöpft und frustriert aufgab, drehte sie sich um und sah den Hund – komplett eingebuddelt in Sand. Diese Szene wurde zu einer ihrer liebsten Kindheitserinnerungen. Ein Moment, der ihr zeigte, dass die größten Abenteuer manchmal direkt vor der eigenen Haustür starten. Sie hat den magischen Stein zwar nie gefunden, aber dafür gelernt, dass das eigentliche Abenteuer darin besteht, einfach Spaß zu haben.

Für 2 Portionen

2 Sandwichtoasts

2 EL Nuss-Nougat-Creme

20 g geschmolzene Schokolade

Mandelkrokant für das knusprige Extra, optional

1. Zwei Sandwichtoasts übereinanderlegen und vorsichtig die Ränder abschneiden.
2. Die beiden Toastscheiben mit einem Nudelholz flach rollen, bis sie glatt sind.
3. Eine großzügige Menge Nuss-Nougat-Creme auf die obere Toastscheibe streichen. Achte darauf, dass du die Creme gleichmäßig verteilst.
4. Toastscheiben vorsichtig aufrollen (so eng wie möglich, damit die Rolle ihre Form behält).
5. Die fertige Rolle in geschmolzene Schokolade tauchen.
6. Für das knusprige Extra etwas Mandelkrokant über die noch feuchte Schokolade streuen.
7. Rolle fest werden lassen, am besten im Kühlschrank.

So schmilzt man Schokolade richtig

Dunkle Schokolade schmilzt am besten bei einer Temperatur zwischen 45 und 55 °C, Milchschokolade bei 40 bis 45 °C. Weiße Schokolade ist empfindlicher und schmilzt schon zwischen 35 und 40 °C.

Wichtig: Achte darauf, die Schokolade nicht über diese Temperaturen zu erhitzen, da sie sonst klumpig werden kann. Verwende ein Thermometer, um die Temperatur zu überwachen.

Schokolade vorbereiten: Brich oder schneide die Schokolade in kleine Stücke oder Quadrate. Je kleiner, desto schneller schmelzen sie.

Schmelzmethode wählen: Du kannst Schokolade auf zwei Arten schmelzen – in der Mikrowelle oder im Wasserbad. Frag deine Eltern, welche Methode du verwenden sollst, und bitte sie, dir zu helfen.

In der Mikrowelle

Lege die Schokoladenstücke in eine mikrowellengeeignete Schüssel. Stelle die Mikrowelle auf niedrige Leistung (ca. 400 Watt) ein. Erwärme die Schokolade für etwa 15 Sekunden und rühre sie dann um. Wiederhole diesen Schritt, bis die Schokolade geschmolzen ist.

Im Wasserbad schmelzen

Fülle einen Topf fingerbreit mit Wasser. Setze eine Schüssel auf den Topf, sodass sie das Wasser nicht berührt. Erwärme das Wasser auf mittlere Hitze, bis es zu dampfen beginnt, aber nicht kocht. Lege die Schokoladenstücke in die Schüssel und rühre sie gelegentlich um, bis sie geschmolzen sind.

Die Schokolade sollte dabei nicht zu heiß werden. Achte darauf, dass sie nur so lange geschmolzen wird, bis sie flüssig ist.

Smoothies, Shakes und Cocktails

Joels Pastinakensaft

Joel, der junge Business-Checker, will jetzt mit seiner neuesten Idee, Pastinakensaft, durchstarten. Du weißt ja, wie Joel tickt – zielstrebig und immer voller Power. Er ist überzeugt, dass sein Pastinakensaft der nächste Hit wird. Pastinaken, dieses oft vergessene Wurzelgemüse, sind sein Ding. Joel weiß, dass die nicht nur lecker, sondern auch gesund sind, voller Vitamine und top fürs Herz. Der Geschmack? Einzigartig! Pastinaken schmecken leicht süßlich und erdig, mit einer nussigen Note. Und nach dem ersten Frost werden sie noch süßer. Joel pimpt den Saft noch mit Birne – das gibt dem Ganzen eine fruchtige Note.

Für 2 Portionen

6 Birnen

400 g Pastinaken

2 Stangensellerie

Saft von ½ Zitrone

1. Birnen waschen, danach vierteln, entkernen und würfeln. Pastinaken und Stangensellerie waschen und in grobe Würfel schneiden. Alle vorbereiteten Zutaten in einen Entsafter geben und entsaften.
2. Zitronensaft unterrühren und sofort servieren.

Eine Extraportion für Reena: Karamellmilch

»Ich mag keine Schokolade«, antwortet Reena Schulrat Berger, als er ihr bei ihrem ersten Zusammentreffen einen Kakao anbietet. Ich schwöre: Reena ist die einzige Person, die ich kenne, die keine Schokolade mag. Keine Schokomilch, keinen Schokoladenkuchen, keine Schokokekse. Unfassbar. Stattdessen hat sich Reena erst einmal eine Karamellmilch gegönnt. Karamellmilch? Ich habe sie sofort für euch getestet und bin ganz verrückt nach ihr. Egal ob kalt oder warm. Karamellmilch ist ab sofort der neue Kakao.

Für 1 Portion

4 EL Zucker

250 ml Milch

1 Prise Zimt

100 ml Sahne (optional)

1. Einen kleinen Topf auf mittlerer Hitze erhitzen. Zucker hineingeben und ohne Umrühren schmelzen. Der Zucker wird zunächst klumpig, beginnt dann aber zu schmelzen. Erst dann gelegentlich umrühren. Dabei darauf achten, dass der Zucker nicht anbrennt und eine goldene Farbe annimmt.
2. Dann langsam unter Rühren die Milch dazugeben und bei geringer Hitze unter ständigem Umrühren weiterköcheln, bis sich das Karamell vollständig in der Milch aufgelöst hat.
3. Mit etwas Zimtpulver abschmecken und in ein Glas füllen.
4. Wer es sahniger mag, schlägt die Sahne steif und gibt sie auf die Karamellmilch.

Tipp:

Du kannst auch etwas mehr Karamell zubereiten und über die Sahne geben.

Smoothies aus dem »Eat Smart & Green«

Der Imbiss »Eat Smart & Green« erwartet jeden Tag viele Einsteiner und Einheimische aus Erfurt, um frische Smoothies anzubieten. Aber was ist eigentlich ein Smoothie? Ganz einfach: ein dickflüssiges, cremiges Getränk, das aus frischen Früchten, Gemüse und anderen Zutaten wie Joghurt oder Milch gemixt wird. Wie ein flüssiger Obstsalat.

Green Smoothie

Dieser grüne Smoothie ist voller gesunder Zutaten. Spinat und Feldsalat sind echte Vitaminbomben, die euch stark machen. Äpfel und Bananen liefern natürliche Süße und Energie. Die Avocado bringt gesunde Fette, die gut für euer Gehirn sind. Orangen sind voller Vitamin C, das euer Immunsystem stärkt, und Ingwer kann helfen, euren Magen zu beruhigen. Zitronensaft gibt einen frischen Kick. Dieser Smoothie ist wie ein Superheldengetränk – er gibt euch Kraft und schmeckt auch noch klasse!

Für 1 Portion

1 Handvoll Spinat oder Feldsalat
1 Apfel
1 Banane
¼ Avocado
1 Orange
1 cm Ingwer
2 TL Zitronensaft
200 ml Wasser

1. Spinat oder Feldsalat waschen. Apfel und Banane schälen. Avocado schälen, Kern entfernen und vierteln. Orange auspressen. Ingwer schälen und klein schneiden.
2. Zuerst die Banane und das Avocadoviertel in den Behälter eines leistungsstarken Mixers geben. Anschließend die restlichen Zutaten hinzufügen.
3. Etwa 1 Minute lang mixen, bis der Smoothie eine einheitliche, cremige Konsistenz hat.

Erdbeer-Bananen-Smoothie

Erdbeeren sind nicht nur lecker, sondern auch reich an Antioxidantien. Bananen geben euch viel Energie für den Tag. Naturjoghurt und Milch machen den Smoothie schön cremig und liefern Kalzium für starke Knochen. Für eine vegane Variante könnt ihr Mandelmilch verwenden. Dieser Smoothie ist wie ein süßer Traum im Glas!

Für 1 Portion

1 reife Banane (ca. 120–150 g)

150 g frische Erdbeeren (gefrorene Erdbeeren gehen auch)

120 ml Naturjoghurt

120 ml Milch (oder Mandelmilch für eine vegane Option)

Eiswürfel (optional)

2 TL Honig oder Ahornsirup (optional, je nach gewünschter Süße)

1. Die Banane schälen und in Stücke schneiden.
2. Erdbeeren waschen und den grünen Stiel entfernen.
3. Alle Zutaten in einen Mixer geben. Wer möchte, kann noch Eiswürfel hinzufügen.
4. Mixen, bis der Smoothie glatt und cremig ist. Bei Bedarf mit Honig oder Ahornsirup süßen.

Grüner Monster-Smoothie

Dieser Smoothie sieht vielleicht aus wie etwas aus einem Monsterfilm, aber er schmeckt fantastisch und ist supergesund! Spinat gibt euch Eisen, die Banane Energie und die Ananas sorgt für einen tropischen Geschmack. Orangensaft bringt Vitamin C und zusammen mit einem Schuss Honig oder Ahornsirup wird der Smoothie schön süß. Ein Getränk, das so lustig aussieht und so gut schmeckt, ist einfach genial!

Für 1 Portion

30 g Spinat

1 reife Banane (ca. 120–150 g)

120 g Ananasstücke (frisch oder gefroren)

120 ml Orangensaft

120 ml Wasser

2 TL Honig oder Ahornsirup (optional)

1. Spinat waschen. Banane schälen und in Stücke schneiden.
2. Alle Zutaten in den Mixer geben.
3. Mixen, bis der Smoothie grün und glatt ist. Bei Bedarf Süßungsmittel hinzufügen.

ENERGY

Blaubeer-Haferflocken-Smoothie

Blaubeeren sind kleine Kraftpakete, voller Vitamine und Antioxidantien. Haferflocken machen den Smoothie sättigend und liefern euch Ballaststoffe. Bananen sorgen für Süße und Energie, während Joghurt oder Mandelmilch für eine cremige Konsistenz sorgen. Dieser Smoothie ist wie ein leckeres Frühstück in einem Glas!

Für 1 Portion

60 g Blaubeeren (frisch oder gefroren)

1 reife Banane (ca. 120–150 g)

60 g Haferflocken

120 ml Joghurt (oder Mandelmilch für eine vegane Option)

120 ml Wasser

Honig oder Ahornsirup (optional)

1. Blaubeeren waschen (bei frischen Blaubeeren).
2. Banane schälen und in Stücke schneiden. Alle Zutaten in den Mixer geben.
3. Mixen, bis der Smoothie eine cremige Konsistenz erreicht hat. Bei Bedarf mit Honig oder Ahornsirup süßen.

Zeitzonen-Silvestercocktails

Stellt euch vor: Albert Einstein himself crasht die Silvesterparty auf Schloss Einstein mit seiner eigenen Zeitmaschine – und zwar direkt in der Pulverhalle des Internats! Klingt verrückt, oder? Aber dann – Drama! – die Zeitmaschine geht kaputt und Einstein muss vor Mitternacht wieder abhauen. Wie soll das gehen? Die Einsteiner und ihre Gäste stecken mittendrin in diesem Zeitchaos. Die Uhr tickt, und sie sind in verschiedenen Zeitzonen gefangen. Total spannend und megaabenteuerlich! Und natürlich gibt's auf der Party auch die krassesten Zeitzonen-Silvestercocktails, denn die Einsteiner haben sich auf eine Zeitzonenparty vorbereitet und wollen 15-mal Silvester feiern, natürlich auch mit den typischen Drinks.

Alkoholfreie Cocktails: Der coole Weg zum Genuss!

Wisst ihr, was wirklich gut ist? Etwas Leckeres zu trinken, ohne dass Alkohol im Spiel ist. Mit den folgenden Rezepten nehme ich euch mit auf eine spannende Reise durch die Welt der alkoholfreien Cocktails – Getränke, die genauso bunt, aufregend und köstlich sind wie ihre alkoholischen Varianten, aber ohne die Nebenwirkungen.

Warum alkoholfrei? Ganz einfach Alkohol ist nicht das, wonach einem der Sinn stehen sollte.

Ihr seid noch im Wachstum und euer Gehirn entwickelt sich weiter. Alkohol kann diese Entwicklung stören und langfristige Auswirkungen auf das Gedächtnis und die Lernfähigkeit haben.

Regelmäßiger Alkoholkonsum kann das Risiko für verschiedene Gesundheitsprobleme erhöhen, einschließlich Leberschäden und Herz-Kreislauf-Erkrankungen.

Außerdem besteht das Risiko, dass sich eine Abhängigkeit entwickelt, was zu weiteren physischen und psychischen Problemen führen kann.

Alkohol kann eure Entscheidungsfähigkeit beeinträchtigen, was zu riskantem Verhalten führen kann.

Die alkoholfreien Cocktails zeigen, dass man auch ohne Alkohol kreativ sein und genießen kann. Sie sind perfekt für Partys, Filmabende oder einfach zum Chillen nach der Schule.

Lasst uns gemeinsam beweisen, dass das wahre Geheimnis eines tollen Cocktails Kreativität und Spaß ist!

70er-Jahre: Funky Frucht-Mix

Für 2 Portionen

Eiswürfel

120 ml Zitronenlimonade

60 ml Ginger Ale

15 ml Grenadinesirup

Maraschino-Kirschen zum Garnieren

Orangenscheibe zum Garnieren (optional)

1. Eiswürfel in zwei Gläser geben. Limonade und Ginger Ale gleichmäßig auf die Gläser verteilen.
2. Den Grenadinesirup vorsichtig hinzufügen, sodass er langsam bis zum Boden der Gläser sinkt.
3. Mit je 1 Maraschino-Kirsche garnieren und bei Bedarf mit einer Orangenscheibe dekorieren.

80er-Jahre: Virgin Colada

Für 2 Portionen

240 ml Ananassaft

120 ml Kokosmilch

120 ml Sahne

2 EL Zucker

Eiswürfel

Ananasstücke und Maraschino-Kirschen zum Garnieren (optional)

1. Ananassaft, Kokosmilch, Sahne und Zucker in einen Mixer geben. Eiswürfel hinzufügen.
2. Alles gut mixen, bis der Cocktail glatt und cremig ist.
3. In zwei Gläser gießen und mit Ananasstücken und Maraschino-Kirschen garnieren.

90er-Jahre: Fruit Punch

Für 2 Portionen

Eiswürfel

120 ml Ananassaft

60 ml Orangensaft

60 ml Cranberrysaft

15 ml Zitronensaft

15 ml Grenadinesirup

Orangenscheiben und Cocktailkirschen zum Garnieren

1. Eiswürfel in zwei Gläser geben. Ananassaft, Orangensaft, Cranberrysaft und Zitronensaft gleichmäßig auf die Gläser verteilen.
2. Den Grenadinesirup vorsichtig hinzufügen, um dem Cocktail einen Hauch von Farbe und Süße zu verleihen.
3. Mit Orangenscheiben und Cocktailkirschen garnieren.

Zeitreisen – wie wäre das wohl?

Stell dir vor, du könntest in der Zeit reisen – wie in einem Sci-Fi-Film! Das solltest du über Zeitreisen wissen:

Zeit vs. Raum: Normalerweise haben wir Zeitzonen, weil sich die Erde dreht und überall eine andere Uhrzeit ist. Aber bei Zeitreisen? Da geht es nicht um Stunden, sondern um Jahre! Du könntest in die Vergangenheit oder in die Zukunft reisen.

Kopfzerbrechen de luxe! Zeitreisen sind kompliziert. Was, wenn du etwas in der Vergangenheit veränderst? Könnte sein, dass du damit die Gegenwart oder Zukunft total umkrempelst. Das nennt man Paradoxon – ein echtes Brain-Twisting!

Zeitzonen? Egal! Bei Zeitreisen sind normale Zeitzonen egal. Du würdest in eine ganz andere Zeit springen. Die Frage ist nicht, wie viel Uhr es ist, sondern in welchem Jahr du landest.

Geschichte checken oder in die Zukunft spicken? Wäre schon cool, mal zu sehen, wie es früher wirklich war oder wie die Zukunft aussieht, oder? Aber das bringt auch viele Fragen mit – dürften wir in der Zeit rumspielen?

Zeitreisen sind bis jetzt nur in Filmen und Büchern möglich, aber stelle dir mal vor, wie abgefahren das wäre! Ein mega Thema, um drüber nachzudenken und zu träumen.

Aber was hat es eigentlich mit den ganz normalen Zeitzonen auf sich?

Zeitzonen sind wie unsichtbare Linien auf der Erde, die bestimmen, wie spät es gerade irgendwo ist.

Warum überhaupt Zeitzonen? Die Erde dreht sich in 24 Stunden einmal um sich selbst. Um das mit der Uhrzeit hinzukriegen, hat man die Welt in 24 Zeitzonen eingeteilt. So ist es in New York schon Abend, wenn bei uns in Deutschland gerade erst Mittag ist.

Wie werden Zeitzonen festgelegt? Theoretisch ist jede Zeitzone ein Streifen von 15 Längengraden. Die erste Zeitzone startet in Greenwich, England (daher der Name Greenwich Mean Time oder GMT). Jede Zone nach Osten oder Westen ist eine Stunde früher oder später.

Nicht immer ganz gerade Linien: In Wirklichkeit sind Zeitzonen oft ziemlich krumm und schief. Das liegt daran, dass Länder ihre Zeitzonen so anpassen, wie es für sie am besten passt – aus politischen oder geografischen Gründen.

Sommer- und Winterzeit: Manche Länder drehen zweimal im Jahr an der Uhr, um mehr vom Tageslicht zu haben. Das nennt man Sommerzeit. Da verschiebt sich die Uhrzeit jeweils um eine Stunde, aber nur vorübergehend.

Dank Zeitzonen wissen wir, wie spät es woanders auf der Welt ist. Ohne sie wäre es ein echtes Durcheinander, besonders wenn man mit Leuten in anderen Ländern quatschen will. Stell dir vor, du rufst mitten in der Nacht an, weil du nicht gecheckt hast, dass es dort schon spät ist!

POPCORN

Salat und Snacks

Chiaras wilder Salat

Chiara liebt die Natur und verbringt gerne Zeit im Schulgarten, wo die wildesten Wildblumen blühen. An einem sonnigen Tag hatte sie die Idee, einen Wildsalat aus den Blumen des Gartens zuzubereiten. Sie sammelte vorsichtig Blätter von verschiedenen farbenfrohen Wildblumen und mischte sie mit frischem Spinat und Kirschtomaten. Der Salat sah wie ein lebendiges Kunstwerk aus, so bunt und frisch.

Für 4 Portionen

Für den Salat

100 g einer bunten Mischung verschiedener Salate (z. B. Pflücksalat, Babyspinat, Radieschenblätter, Rote-Bete-Blätter, Rucola, Sauerampfer, Blutampfer)
4 Radieschen
1 Salatgurke
1 Bund Schnittlauch
3 EL Kresse, Sprossen
ein paar Minzeblätter
½ Bund Dill

Für das Dressing

4 EL Olivenöl
2 EL Balsamicoessig
Salz
Pfeffer
1 TL Senf
1 TL Honig

1. Salatmischung gründlich waschen, abtropfen lassen und größere Blätter in mundgerechte Stücke zupfen.
2. Radieschen und die Gurke waschen und in dünne Scheiben schneiden und nochmals halbieren.
3. Schnittlauch, Kresse und Sprossen waschen, Schnittlauch in feine Röllchen schneiden. Minzblätter und Dill waschen und grob hacken.
4. Alle Zutaten vorsichtig vermischen.
5. In einer Schüssel das Olivenöl und den Balsamicoessig verrühren und mit Salz und Pfeffer abschmecken. Senf und Honig unterrühren.
6. Salat auf Tellern verteilen, Dressing darübergeben und mit den essbaren Blüten dekorieren.

Für die Deko

1 Handvoll essbare Blüten, z. B. Gänseblümchen, Gundermann, Kapuzinerkresse, Löwenzahn, Ringelblume, Veilchen

Das geheime Leben der Wildkräuter und Blüten

Wunder der Natur: Es gibt kleine, oft übersehene Wunder der Natur – Wildkräuter und essbare Blüten, die auf Wiesen und in Wäldern wachsen. Sie sind nicht nur schön anzusehen, sondern können auch unsere Mahlzeiten bereichern und bieten sogar gesundheitliche Vorteile.

Wildkräuter – die grünen Helden: Wildkräuter wie Löwenzahn, Brennnessel und Giersch sind nicht nur Unkraut, sondern wahre Schätze der Natur. Löwenzahn zum Beispiel ist nicht nur eine Freude für Bienen, sondern seine jungen Blätter können auch in Salaten verwendet werden und sind reich an Vitaminen. Aber Achtung: Sie schmecken ein bisschen bitter. Brennnesseln sind gekocht ein leckeres und gesundes Gemüse. Auch für Suppe und Tee eignen sie sich gut. Damit sie euch nicht piken, könnt ihr zum Pflücken einfach Handschuhe anziehen.

Blütenzauber auf deinem Teller: Essbare Blüten wie Gänseblümchen, Kapuzinerkresse und Ringelblumen bringen Farbe und Freude in jedes Gericht. Kapuzinerkresse ist nicht nur eine Augenweide, sondern ihre Blüten haben auch einen leicht pfeffrigen Geschmack. Gänseblümchen dagegen schmecken leicht nussig.

Sicherheit geht vor: Es ist wichtig zu wissen, dass nicht alle Wildkräuter und Blüten essbar sind. Manche können sogar giftig sein. Deshalb ist es entscheidend, dass ihr lernt, sie richtig zu identifizieren und nur die zu essen, die sicher sind. Es ist immer eine gute Idee, einen Erwachsenen um Hilfe zu bitten, wenn du dir nicht sicher bist.

Ein Abenteuer in der Natur: Wildkräuter und essbare Blüten zu suchen kann ein spannendes Abenteuer sein. Es ermöglicht uns, die Natur zu erkunden.

Hier ein paar Tipps von Chiara für deine eigenen Wildblumen:

Ringelblumen

Geschmack: leicht würzig bis bitter

Anbau: Ringelblumen sind pflegeleicht und können in fast jedem Boden wachsen. Sie bevorzugen sonnige Standorte und sollten regelmäßig gegossen werden.

Kapuzinerkresse

Geschmack: pfeffrig, ähnlich wie Rucola

Anbau: Kapuzinerkresse ist eine Kletterpflanze, die viel Sonnenlicht und mäßig feuchten Boden benötigt. Sie kann direkt im Frühjahr ausgesät werden und gedeiht auch gut in Töpfen.

Veilchen

Geschmack: süß und blumig

Anbau: Veilchen bevorzugen halbschattige Standorte und gut durchlässigen Boden. Sie können aus Samen gezogen oder als fertige Pflanzen gekauft und eingepflanzt werden.

Borretsch

Geschmack: erinnert an Gurke

Anbau: Borretsch ist eine pflegeleichte Pflanze, die in voller Sonne oder Halbschatten wächst. Sie bevorzugt nährstoffreichen, gut durchlässigen Boden und ist ziemlich trockenheitstolerant.

Essbare Rosen

Geschmack: leicht süßlich, abhängig von der Sorte

Anbau: Rosen benötigen einen sonnigen Standort und gut durchlässigen, nährstoffreichen Boden. Sie sollten regelmäßig, aber nicht zu häufig gegossen werden.

Lavendel

Geschmack: blumig, leicht bitter

Anbau: Lavendel bevorzugt vollsonnige Standorte und gut durchlässigen Boden. Er ist relativ trockenheitstolerant und sollte nicht zu häufig gegossen werden.

Beim Anbau von essbaren Blüten ist es wichtig, darauf zu achten, dass sie nicht mit Pestiziden oder anderen Chemikalien behandelt werden, da diese für den menschlichen Verzehr schädlich sein können. Es ist auch ratsam, essbare Blüten von Zierpflanzen zu unterscheiden, da nicht alle Blüten essbar sind.

Julias und Colins Kino-Snacks

Colin Thewes und Julia Sponer, die unzertrennlichen Freunde von Schloss Einstein, lieben es, sich gegenseitig herauszufordern. Eine ihrer denkwürdigsten und lustigsten Aktionen: die Challenge, wer die meisten Snacks ins Kino schmuggeln konnte. Colin, das Mathegenie, und Julia, die Theaterbegeisterte, sind beide bekannt für ihren Einfallsreichtum und ihre Kreativität. Dieser Kinobesuch war also die perfekte Gelegenheit, um ihre Fähigkeiten auf die Probe zu stellen. Hier einige Kino-Snacks für euch.

Buntes Popcorn

Für 6 Portionen

2 EL Sonnenblumenöl

60 g Popcornmais

6 EL Zitronensaft oder Wasser

6 Lebensmittelfarben in verschiedenen Farben

6 EL Puderzucker

1. Öl in einer großen Pfanne erhitzen, Mais zugeben, mit einem Deckel verschließen und die Maiskörner bei mittlerer Hitze 10–15 Minuten lang aufpoppen lassen. Dabei gelegentlich die Pfanne rütteln, bis kein Aufpoppen mehr zu hören ist.
2. Popcorn in 6 Portionen aufteilen. Für jede Farbe 1 EL Zitronensaft mit Lebensmittelfarbe einfärben, mit 2 EL Puderzucker zu einer Glasur verrühren. Je 1 Portion Popcorn mit der Glasur in eine Schüssel geben und kräftig durchmengen.
3. Popcorn auf einem mit Backpapier ausgelegten Backblech etwas abkühlen lassen.

POPCORN

Mini-Apfelmuffins
(die lassen sich perfekt verstecken)

Für 24 Stück

Für die Muffins

200 g Mehl

100 g Zucker

1 TL Backpulver

Mark von 1 Vanilleschote (oder Vanille aus der Mühle)

1 Prise Salz

160 g Butter, Zimmertemperatur

1 Ei

60 ml Milch

2 kleine Äpfel

Für die Zuckerkruste

50 g Zucker

1 TL Zimt

2 TL Butter

1. Ofen auf 180 °C Umluft vorheizen und eine Mini-Muffin-Form leicht einfetten.
2. Mehl zusammen mit dem Zucker, Backpulver, Vanille und Salz vermengen. Butter zugeben und verrühren.
3. Ei zusammen mit der Milch aufschlagen. Mehlmischung zugeben und verrühren.
4. Äpfel reiben und unterheben.
5. Teig in die Muffinform füllen und im Ofen 15 Minuten goldbraun backen. Abkühlen lassen.
6. Zucker mit Zimt vermengen.
7. Butter schmelzen, die Muffins damit bepinseln. Muffins in der Zucker-Zimt-Mischung wälzen.

Pikante Muffins

Muffins lieben alle. Und Pizza auch. Wenn wir beides kombinieren, kommen dabei diese pikanten Muffins raus. Schnell gemacht und ein richtig guter Pausen- und Partysnack. Und Partys werden bei Einstein ja oft gefeiert.

Für 12 Stück

1 kleine Zwiebel
1 Knoblauchzehe
2 TL Olivenöl
100 g Salami
1 rote Paprika
1 Zucchini
150 g weiche Butter
2 Eier
200 g saure Sahne
250 g Weizenmehl
2 TL Backpulver
½ TL Salz
50 g geriebener Gouda

1. Backofen auf 180 °C Ober-/Unterhitze vorheizen.
2. Zwiebel und Knoblauch schälen, fein hacken. Öl in einer Pfanne erhitzen und Zwiebel und Knoblauch darin glasig andünsten.
3. Salami klein würfeln. Paprika waschen, halbieren, Kerngehäuse entfernen und in kleine Würfel schneiden. Zucchini waschen, grob reiben und das Wasser etwas ausdrücken.
4. Butter und Eier verrühren. Saure Sahne, Mehl, Backpulver und Salz unterrühren. Zwiebeln, Knoblauch, Salami, Paprika, Zucchini und den Käse unterheben.
5. Papierförmchen in eine Muffinform setzen und den Teig darin verteilen.
6. Muffins 25 Minuten backen.

Halloween auf Schloss Einstein

Halloween auf Schloss Einstein – ein Fest, das jedes Jahr mit großer Vorfreude und einem Hauch von Grusel erwartet wird.

Halloween Caprese-Salat mit Totenkopf-Mozzarella

Für 4 Portionen

500 g Kirschtomaten

Salz

Pfeffer

Mozzarella, je nach Größe der Silikonform kleine Mozzarellakugeln oder eine normal große Mozzarellakugel

1 Bund Basilikum

4 EL Olivenöl

etwas Balsamicoessig (optional)

Außerdem

4 Totenkopf-Silikonformen

1. Ofen auf 200 °C Ober-/Unterhitze vorheizen.
2. Kirschtomaten waschen und halbieren. Gleichmäßig auf einem großen Teller oder einer Platte verteilen. Leicht salzen und pfeffern.
3. Mozzarella in Totenkopf-Silikonformen geben. Für kleine Mozzarellakugeln eignet sich die kleinere Form, für eine normal große Mozzarellakugel die größere Form.
4. Mozarella im Backofen 8 Minuten backen.
5. Die gebackenen Mozzarella-Totenköpfe aus dem Ofen nehmen und 5 Minuten abkühlen lassen. Durch das Backen wird der Mozzarella etwas fester und erhält eine gummiartige Konsistenz.
6. Mozzarella-Totenköpfe vorsichtig aus den Formen lösen und auf den Tomaten verteilen.
7. Basilikumblättchen waschen, trocken tupfen und darüberstreuen. Alles gleichmäßig mit Olivenöl beträufeln.
8. Für einen extra schaurigen Effekt etwas Balsamicoessig über den Salat geben. Der dunkle Ton des Essigs betont die Konturen der Mozzarella-Totenköpfe und lässt sie noch gruseliger wirken.

Lustige Brownie-Monster für Halloween

Für 12 Stück

Für die Brownies

150 g dunkle Schokolade, grob gehackt

150 g Butter

3 Eier

120 g Zucker

1 Pck. Vanillezucker

100 g Mehl

¼ TL Backpulver

½ TL Zimt

1 Salz

Für die Dekoration

150–200 g Schokolade oder Candy Melts

Zuckeraugen

50 g geschmolzene Schokolade zum Dekorieren

12 Salzstangen, halbiert

Außerdem

Silikonform mit eckigen oder viereckigen Mulden

1. Backofen auf 160 °C Umluft vorheizen.
2. Die dunkle Schokolade und die Butter in einem Wasserbad schmelzen und etwas abkühlen lassen.
3. In einer separaten Schüssel die Eier, den Zucker und den Vanillezucker verrühren. Mehl, Backpulver, Zimt und 1 Prise Salz hinzufügen und kurz verrühren. Die geschmolzene Schokoladenmischung vorsichtig unter den Teig heben.
4. Den Teig in die gefetteten Mulden der Backform geben und 25 Minuten backen.
5. Die Brownies etwa 10 Minuten in der Form abkühlen lassen. Aus der Form lösen und vollständig abkühlen lassen.
6. Silikonform gründlich ausspülen.
7. Für die Dekoration die Schokolade oder Candy Melts schmelzen und jeweils 1–2 EL in die Mulden der Form füllen. Dabei darauf achten, nicht zu viel Schokolade zu verwenden, damit die Ränder der Brownies im nächsten Schritt nicht vollständig bedeckt sind, damit du die Salzstangen leicht hineinstecken kannst.
8. Die abgekühlten Brownies wieder in die Form drücken und aushärten lassen.
9. Die Brownie-Monster nach Belieben mit Salzstangen, Zuckeraugen und geschmolzener Schokolade verzieren.

Mittag- und Abendessen

Fish and Chips

Reena machte mit ihrer Tante Sightseeing in London, im Doppeldeckerbus. Zum Ende hielt der Bus vor einem kleinen »Fish and Chips«-Laden. Leider gab es im ganzen Imbiss nicht eine einzige Gabel und so musste die hungrige Reena mit den Fingern essen. Reena mit den Fingern! Unvorstellbar, oder? Anfangs zögerte Reena und fand die Idee, Fish and Chips mit den Fingern zu essen, etwas seltsam. Doch der verlockende Duft von frisch gebratenem Fisch und knusprigen Pommes war einfach unwiderstehlich. Dazu werden in London meist Mushy Peas serviert.

Pommes frites oder auch: Chips

Für 4 Portionen

850 g große mehligkochende Kartoffeln

2 EL Frittieröl

½ TL Meersalz

1. Kartoffeln schälen und der Länge nach in ca. 1 cm dicke Stäbchen schneiden. Frittieröl in einem großen Topf oder einer Fritteuse auf 160 °C erhitzen.
2. Sobald das Öl die richtige Temperatur hat, die Kartoffeln vorsichtig in kleinen Mengen frittieren, jeweils ca. 2–3 Minuten, bis sie blass und weich sind. Mit einem Schaumlöffel herausnehmen und auf Zimmertemperatur abkühlen lassen. Dann die Temperatur auf 190 °C erhöhen und die Pommes wieder in das Öl geben und frittieren, bis sie goldbraun sind. Mit einem Schaumlöffel herausnehmen, auf ein Backblech geben und mit Salz bestreuen.
3. Die Pommes im Ofen bei 90 °C Ober-/Unterhitze warm halten, bis der Fisch fertig ist.

Frittierter Fisch oder auch einfach: Fish

1 l Frittieröl
700 g Kabeljaufilets
2 TL Salz
2 TL Pfeffer aus der Mühle
375 g Mehl
3 gehäufte TL Backpulver
300 ml kaltes alkoholfreies helles Bier oder Mineralwasser mit Kohlensäure

1. Frittieröl in einem großen Topf oder einer Fritteuse auf 175 °C erhitzen.
2. Backofen auf 140 °C Umluft vorheizen und ein Backblech mit Backpapier auslegen.
3. Kabeljaufilets schräg in 4 gleich große Stücke schneiden und von allen Seiten mit Salz und Pfeffer einreiben.
4. 225 g Mehl mit Backpulver in einer Schüssel vermengen und Bier oder Mineralwasser unterrühren.
5. Fisch im restlichen Mehl wenden, portionsweise in den Teig tauchen, kurz abtropfen lassen und einzeln jeweils ca. 4 Minuten rundum goldbraun frittieren.
6. Im Ofen auf Backpapier warm halten.

Mushy Peas

Für 4 Portionen

6 Stiele Minze
1 EL Butter
250 g aufgetaute TK-Erbsen
3 TL Zitronensaft
Salz
Pfeffer

1. Minzblätter von den Stielen zupfen und fein hacken. Mit der Butter und den Erbsen in einem Topf bei kleiner Hitze 10 Minuten unter Rühren dünsten.
2. Mischung leicht stückig pürieren und mit Zitronensaft, Salz und Pfeffer abschmecken.
3. Sollte das Püree zu dick sein, einfach etwas Wasser einrühren und bei kleiner Hitze warm halten.

Dr. Zechs Lieblingsbohneneintopf

Dr. Zech unterrichtet Geografie, Geschichte und Latein. Aber wisst ihr, was sein Lieblingsrezept ist? Bohneneintopf! Ein Bohneneintopf ist ein herzhaftes Gericht, das aus vielen verschiedenen Zutaten besteht. Dr. Zechs Frau Margarete verwendet gerne verschiedene Bohnensorten, Gemüse, Gewürze und natürlich viel Liebe. Sie sagt immer, das Geheimnis eines guten Eintopfs bestehe darin, dass er langsam köchelt und die Aromen sich miteinander vermischen.

Für 2 Portionen

500 g grüne Bohnen
Eiswürfel
1 Zwiebel
2 Knoblauchzehen
80 g Speck
3 Karotten
2 mehligkochende Kartoffeln
300 g mageres Rindfleisch
2–3 Zweige frischer Thymian
1 EL Butter
4 EL Olivenöl
800 ml Gemüse- oder Fleischbrühe
1 Lorbeerblatt
1 TL Salz
1 große Prise Pfeffer

1. Die grünen Bohnen waschen, putzen und die Bohnenspitzen abschneiden. Für 4 Minuten in kochendem Salzwasser garen, dann sofort in eine Schüssel mit Eiswürfeln und kaltem Wasser geben, damit sie schön grün und knackig bleiben.
2. Die Zwiebel und den Knoblauch häuten und in feine Würfel schneiden. Den Speck in feine Würfel schneiden. Die Karotten schälen und in Würfel schneiden. Die Kartoffeln schälen und würfeln. Das Rindfleisch in Streifen schneiden. Thymianblättchen vom Stängel abziehen und fein hacken.
3. Butter mit dem Olivenöl in einem Topf zerlassen. Karotten und Kartoffeln mit den Zwiebelwürfeln ca. 3 Minuten glasig schwitzen, dann den Knoblauch für 1 Minute dazugeben.
4. Speck und Rindfleisch hinzugeben und 2 Minuten unter Rühren mitbraten.
5. Brühe aufgießen und Lorbeerblatt und Thymian zugeben.
6. Eintopf 20 Minuten köcheln lassen, bis die Kartoffeln und die Karotten weich sind. Bohnen dazugeben und einmal aufkochen lassen.
7. Mit Salz und Pfeffer abschmecken.

Rosas Maissuppe

Rosa Panowski – diese Powerfrau steckt voller Energie und Lebenslust. Ständig ist sie auf der Jagd nach neuen Herausforderungen und Abenteuern. Aber dann kommt der Knaller: Rosa hängt ihre Eisschnelllaufschuhe an den Nagel, um sich neuen Dingen zu widmen! Eines Abends plant Rosa, Bela mit einem Dinner zu überraschen. Sie beschließt, Maissuppe zu kochen. Aber im ganzen Trubel und bei all der Aufregung passiert's: Sie vergisst, den Herd auszuschalten, und die Suppe kocht über.

Für 4 Portionen

4 Schalotten
2 EL Rapsöl
855 g Mais (ca. 3 Dosen)
400 ml Gemüsebrühe
200 ml Sahne
Salz
4 Zweige Koriander oder Petersilie

1. Schalotten schälen und fein würfeln. In einem Topf mit etwas Öl erhitzen und die Schalotten darin glasig dünsten.
2. Mais abtropfen lassen und zusammen mit der Gemüsebrühe und der Sahne in den Topf geben. Alles zum Kochen bringen und etwa 5 Minuten köcheln lassen. Mit Salz würzen.
3. Koriander oder Petersilie waschen, trocken schütteln und grob hacken.
4. 4 EL Mais aus der Suppe nehmen und beiseitestellen.
5. Den Rest der Suppe pürieren, bis sie schön cremig ist.
6. Die Suppe mit dem herausgenommenen Mais und mit dem Koriander oder der Petersilie garnieren.

Koreanische Gemüsesuppe à la Jong Hi Chung

Die Zubereitung dieser koreanischen Gemüsesuppe ist einfacher, als es auf den ersten Blick scheinen mag, und das Rezept bietet einen wunderbaren Einblick in die koreanische Küche. Jong Hi Chung kocht gerne die südkoreanischen Gerichte, die er aus seiner Kindheit und Jugend kennt.

Für 4 Portionen

4 getrocknete Shiitakepilze

500 g Rinderbrust

2 Knoblauchzehen

½ Gemüsezwiebel

150 g weißer Rettich

4 Austernpilze

1 ½ EL Sonnenblumenöl zum Braten

1 TL geröstetes Sesamöl

1 EL rote Chiliflocken

2 EL helle Sojasoße

1 TL koreanische Sojabohnenpaste Doenjang

1 TL koreanische Chilipaste Gochujang

4 Frühlingszwiebeln

200 g Mungbohnensprossen

Salz

schwarzer Pfeffer aus der Mühle

2 Eier

1. Die Shiitakepilze in heißem Wasser 20 Minuten einweichen.
2. Die Rinderbrust unter lauwarmem Wasser abspülen, dann in einen Topf geben und vollständig mit Wasser bedecken.
3. 1 Knoblauchzehe schälen, Zwiebel häuten und teilen, Rettich schälen und teilen. Alles zur Rinderbrust in den Topf geben und auf niedrigster Stufe 1 ½–2 Stunden simmern lassen, bis das Fleisch so zart ist, dass es sich zerzupfen lässt.
4. TIPP: Das Fleisch in der Suppe mit einer Fleischgabel anstechen. Gibt das Fleisch weich nach, ist es fertig gegart und du kannst es entnehmen.
5. Das Fleisch und den Rettich herausnehmen und in kaltem Wasser abkühlen lassen. Sobald das Fleisch abgekühlt ist, in Faserrichtung zerzupfen. Den Rettich in 1 cm große Würfel schneiden. Zwiebelhälfte entfernen.
6. Die Brühe durch ein Sieb gießen und mit Wasser auf 1,2 l auffüllen.
7. Die Shiitake- und Austernpilze in feine Streifen schneiden. Den restlichen Knoblauch schälen und fein hacken.

8. In einem Suppentopf das Sonnenblumenöl und Sesamöl bei mittlerer Hitze erhitzen. Den Knoblauch kurz anbraten, dann die Chiliflocken hinzufügen. Sobald sich das Öl rot färbt, den Topf vom Herd nehmen, damit die Chiliflocken nicht verbrennen.
9. Fleisch und Pilze in den Topf geben und alles gut vermengen. Die Brühe hinzufügen und alles erhitzen.
10. Sojasoße, Sojabohnen- und Chilipaste hinzufügen, gut verrühren und alles 10 Minuten köcheln lassen.
11. Frühlingszwiebeln putzen, waschen und in 4 cm lange Stücke schneiden.
12. Frühlingszwiebeln und Mungbohnensprossen zur Suppe geben und weitere 5 Minuten simmern lassen. Mit Salz und Pfeffer abschmecken.
13. Die Eier verquirlen und langsam in die heiße Suppe einrühren.

Nord- und Südkorea

Trotz ihrer politischen Trennung teilen Nord- und Südkorea immer noch viele kulinarische Traditionen. Der Reis ist ein gutes Beispiel dafür. In beiden Ländern wird Reis für nahezu jede Mahlzeit verwendet. Er bildet die Grundlage für viele Gerichte und wird oft mit Beilagen wie Gemüse, Fleisch und Soßen serviert. Dies zeigt, dass die gemeinsame Geschichte und Kultur Koreas immer noch im Essen präsent ist.

Südkoreas Küche ist jedoch mittlerweile stark von anderen Ländern wie zum Beispiel China oder den Ländern des Westens beeinflusst. Nordkorea hat aufgrund seiner politischen Isolation kaum internationale Einflüsse in seiner Küche.

Einsteins Sushi-Bowl

So viele Einsteiner lieben Sushi, ob gerollt oder als Bowl. Diese Schüssel voller Köstlichkeiten ist ein echtes Gaumenabenteuer und bringt das Beste der traditionellen japanischen Küche in einer unkomplizierten, lässigen Art auf euren Tisch.

Eine Sushi-Bowl ist im Grunde genommen wie eine dekonstruierte Sushi-Rolle in einer Schüssel. Ihr startet mit einer Basis aus fluffigem, leicht gewürztem Sushi-Reis und türmt dann eure Lieblingszutaten obendrauf. Stellt euch vor: glänzender, frischer Fisch oder knackige Gemüsestreifen, vielleicht etwas cremige Avocado, scharfer Wasabi, ein Spritzer Sojasoße und ein Hauch von eingelegtem Ingwer.

Die Schönheit der Sushi-Bowl liegt in ihrer Vielseitigkeit. Ihr könnt sie ganz nach eurem Geschmack anpassen. Ob ihr nun Fan von klassischem Thunfisch seid, die vegetarische Version mit Tofu bevorzugt oder einfach alles, was der Kühlschrank hergibt, zusammenmixt – jede Bowl ist einzigartig.

Und das Beste? Ihr braucht keine ausgefallenen Küchenutensilien oder spezielle Fähigkeiten. Alles, was ihr braucht, ist ein wenig Kreativität und die Lust, verschiedene Geschmackskombinationen auszuprobieren. Lasst uns also in die farbenfrohe und köstliche Welt der Sushi-Bowls eintauchen und ein Rezept entdecken, das nicht nur euren Hunger stillt, sondern auch eure Seele erfreut!

Für 4 Portionen

250 g Sushi-Reis
30 ml Reisessig
15 g Zucker
1 TL Salz
1 Gurke
Avocado
Saft von 1 Limette
2 Noriblätter
2 EL Sesam
4 EL Mayonnaise (gerne japanische Mayonnaise)
2 EL Sojasoße
½ TL Wasabipaste
½ Bund Koriander
50 g eingelegter Ingwer
400 g fein geschnittener Lachs (optional)

1. Reis waschen und nach Packungsanleitung zubereiten.
2. Reisessig, Zucker und Salz zusammen in einem Topf erwärmen und rühren, bis sich Salz und Zucker aufgelöst haben. Marinade zum gekochten Reis geben und langsam verrühren.
3. Gurken waschen, längs halbieren, das Innere auskratzen und würfeln. Avocado halbieren, Kern entfernen, das Fruchtfleisch würfeln und mit etwas Limettensaft beträufeln. Noriblätter mit einer Schere in feine Streifen schneiden.
4. Sesam in einer beschichteten Pfanne ohne Fett hellbraun rösten.
5. Mayonnaise, Sojasoße, restlichen Limettensaft und Wasabi verrühren.
6. Koriander waschen, trocken schütteln und Blätter von den Stielen abzupfen.
7. Reis, Gurke, Avocado, Noriblätter auf vier Bowls verteilen. Soße darübergeben und mit Sesam, eingelegtem Ingwer und Koriander garnieren.
8. Wer möchte, kann noch fein geschnittenen Lachs darübergeben.

Martha und Till: Die Tortillapizza-Revolution

Martha und Till könnten unterschiedlicher nicht sein – sie können sich nicht ausstehen! Vom ersten Augenblick an flogen die Funken zwischen ihnen, und zwar nicht auf die gute Art. Doch je länger sie sich in den Haaren lagen, desto stärker wurde der Wunsch, dem anderen näherzukommen. Und als sie sich endlich ihre Gefühle gestanden, waren die beiden zwar immer noch grundverschieden, aber unzertrennlich. Ihr Lieblingsgericht, die Tortillapizza, erzählt die ganze Geschichte. Martha ist ein riesiger Fan von Tortillas, während Till Pizza liebt. Zwei Welten prallten aufeinander. Die leckere Tortillapizza ist perfekt für spontane Einstein-Partys! Du kannst sie in weniger als 15 Minuten zaubern, und der Geschmack? Einfach himmlisch! Was ihr noch nicht wusstet: Martha und Till, die an der Nordsee ein Freiwilliges Ökologisches Jahr absolvierten und sich vornahmen, echte Küstenkinder zu werden, hatten ein kleines Geheimnis: Trotz der zahllosen Nordseeabenteuer blieb ihre große Liebe die gute alte Tortillapizza! Krabbenbrot, Labskaus und Co. konnten da einfach nicht mithalten.

Für 1 Pizza

4 Knoblauchzehen
frische Petersilie
6 EL Olivenöl
1 Prise Salz
2 Weizen-Tortillas
60 g geriebener Mozzarella

1. Backofen auf 200 °C Ober-/Unterhitze vorheizen.
2. Knoblauch und Petersilie fein hacken. Olivenöl, gehackten Knoblauch, Salz und Petersilie in einer Schüssel vermengen.
3. 1 Tortilla mit der Hälfte der Mischung bestreichen. Die Hälfte des geriebenen Mozzarellas großzügig darüberstreuen.
4. Die zweite Tortilla darauflegen und den Vorgang wiederholen.
5. Das Ganze für 10 Minuten in den Ofen geben.

Nachhaltigkeit in der Ernährung

Nachhaltige und umweltfreundliche Ernährung ist gar nicht schwer. Hier ein paar Tipps.

Regionale und saisonale Produkte wählen

Warum? Regionales und saisonales Obst und Gemüse benötigen weniger Transport und Lagerung, was die Umweltbelastung verringert.

Tipp: Besuche lokale Bauernmärkte oder abonniere eine Gemüsekiste von regionalen Anbietern.

Bioprodukte bevorzugen

Warum? Biolebensmittel werden ohne schädliche Pestizide und Düngemittel angebaut, was besser für die Umwelt und die Gesundheit ist.

Tipp: Achte auf Biosiegel beim Einkaufen.

Mehr pflanzenbasierte Kost essen

Warum? Die Produktion von Fleisch und tierischen Produkten hat einen hohen CO_2-Ausstoß. Pflanzenbasierte Ernährung ist oft umweltfreundlicher.

Tipp: Probiere vegetarische oder vegane Rezepte und entdecke neue Gemüsesorten.

Lebensmittelverschwendung reduzieren

Warum? Lebensmittelverschwendung trägt zur Verschwendung von Ressourcen und zur Erzeugung von Treibhausgasen bei.

Tipp: Plane deine Mahlzeiten, kaufe bewusst ein und verwerte Reste kreativ.

Weniger verpackte Lebensmittel kaufen

Warum? Verpackungen, besonders aus Plastik, belasten die Umwelt stark.

Tipp: Nutze wiederverwendbare Behälter und kaufe unverpackte Produkte.

Nachhaltige Meeresfrüchte auswählen

Warum? Überfischung und schädliche Fangmethoden schaden den Ozeanen.

Tipp: Achte auf Siegel für nachhaltigen Fischfang und verzehre weniger bedrohte Fischarten.

Informiert bleiben und handeln

Warum? Wissen ist Macht. Je mehr du über nachhaltige Ernährung weißt, desto besser kannst du Entscheidungen treffen.

Tipp: Lies Bücher, folge Blogs oder nutze Apps, die Informationen über nachhaltige Lebensmittel bieten.

Vavishka

Tahmi, voller Energie und Abenteuerlust, betritt Schloss Einstein und ist sofort überzeugt, auf der coolsten Schule der Welt gelandet zu sein. Ihr erster Schultag ist eine Achterbahnfahrt der Emotionen, geprägt von aufgeregten Erwartungen und einem leichten Nervenkitzel. Eine der emotionalsten Verbindungen für Tahmi ist ihre Beziehung zu ihrer Nenn-Tante und Lehrerin Emilia Amani. Ein Gericht, das Emilia gern mit Tahmi kocht, ist »Vavishka« – ein traditionelles persisches Gericht, das Wärme, Heimat und Familiengefühl in sich trägt. Vavishka ist ein herzhaftes, würziges Gericht, das die reiche Vielfalt der persischen Küche widerspiegelt. Es ist eine perfekte Mischung aus Tomaten, Zwiebeln, Fleisch und Gewürzen und wird oft mit Reis oder Brot serviert.

Für 4 Personen

2 Schalotten
1 EL Olivenöl
1 TL Kurkuma
500 g Rinderhackfleisch
4 Rispentomaten
1 Zitrone
2 EL Tomatenmark
1 TL Ceylon-Zimt
¼ TL gemahlener Kardamom
1 TL gemahlene Rosenblütenblätter
½ TL gemahlener Safran
½ TL gemahlener Koriander
1 TL getrocknetes Limettenpulver
1 Prise Muskatnuss
1 Messerspitze Cayennepfeffer
Salz
Pfeffer
3 Eier
4 Frühlingszwiebeln
½ Bund glatte Petersilie
1 Bund Schnittlauch

1. Schalotten in dünne Ringe schneiden.
2. Olivenöl in einer großen Pfanne erhitzen. Schalotten 3 Minuten anbraten. Kurkuma darüberstreuen, unterrühren und 1 Minuten anbraten. Hackfleisch zugeben und krümelig anbraten.
3. 300 ml Wasser in die Pfanne gießen, unterrühren und 15 Minuten bei kleiner Hitze kochen lassen.
4. Tomaten vierteln, entkernen und in grobe Stücke schneiden. Zitrone heiß abspülen, die Schale fein abreiben und den Saft auspressen.
5. Tomatenwürfel, Zitronenschale und -saft, Tomatenmark und Gewürze in die Pfanne geben, unterrühren und 10 Minuten bei mittlerer Hitze kochen lassen.
6. Drei kleine Mulden in die heiße Hackmischung drücken. Die Eier einzeln aufschlagen und jeweils in eine Mulde geben. Frühlingszwiebeln in feine Ringe schneiden und darüber verteilen. Deckel auf die Pfanne geben und die Eier bei mittlerer Hitze leicht stocken lassen.
7. Petersilie und Schnittlauch waschen und trocken schütteln. Petersilie und Schnittlauch fein hacken und über die Vavishka streuen.

Falafel-Sandwiches aus dem »Eat Smart & Green«

Falafel sind köstliche frittierte Bällchen oder Pattys aus pürierten Kichererbsen oder Bohnen, die mit Gewürzen und Kräutern verfeinert werden. Sie sind ein beliebtes Gericht im Nahen Osten und in vielen anderen Teilen der Welt. Falafel sind eine großartige pflanzliche Proteinquelle und werden oft in Pita-Broten oder Fladenbroten mit Gemüse und Soße serviert. Sie sind nicht nur lecker, sondern auch eine gesunde und umweltfreundliche Wahl für alle, die gerne grün und nachhaltig essen möchten. Und täglich frisch aus dem »Eat Smart & Green«.

Für 2 Sandwiches

2 Knoblauchzehen
2 rote Zwiebeln
½ rote Chilischote
1 Bund glatte Petersilie
1 Dose Kichererbsen (Abtropfgewicht 240 g)
Salz
Pfeffer
3 EL Zitronensaft
3 EL Rapsöl
100 g griechischer Joghurt
gemischter Salat
1 kleine Gurke
Cherrytomaten
2 Fladenbrote
50 g Feta

1. 1 Knoblauchzehe und 1 Zwiebel häuten und klein hacken.
2. Chilischote waschen, entkernen und zerkleinern.
3. Petersilie waschen, trocken schütteln, die Blätter von den Stängeln entfernen und die Hälfte der Petersilie klein hacken.
4. Kichererbsen abgießen, mit Salz und Pfeffer würzen und 2 EL Zitronensaft untermischen.
5. Im Mixer alles zusammen zerkleinern, bis eine sämige Masse entsteht.
6. Die Masse zu Bällchen formen.
7. In einer Pfanne das Öl erhitzen und die Bällchen darin von jeder Seite für 3–4 Minuten anbraten.
8. Herausnehmen und auf einem Küchentuch abtropfen lassen.

9. Restliche Knoblauchzehe häuten und klein schneiden, dann mit griechischem Joghurt und 1 EL Zitronensaft vermischen, mit Salz und Pfeffer abschmecken.
10. Salat, Gurke und Tomaten waschen.
11. Gurke in Scheiben schneiden. Tomaten halbieren.
12. Restliche Zwiebel häuten und in Ringe schneiden.
13. Fladenbrot in einem Toaster aufbacken, damit es schön knusprig ist.
14. Falafelbällchen je nach Größe halbieren.
15. Jedes Fladenbrot mit etwas Soße, Salat, Gemüse, restlicher Petersilie und 3–4 Falafelbällchen und noch mal etwas Soße füllen.
16. Etwas von dem Feta darüberkrümeln und zusammenklappen.

Tipp:

Probiert es mal aus, die Sandwiches mit ein paar frischen Sprossen zu füllen. Wer es gern scharf mag, der sollte mal rote Rettichsprossen probieren.

Du kannst die Falafel auch mit deinen Lieblingsgewürzen würzen.

Jo-und-Joyce-Nudelauflauf

Joyce und Io, beide aufgewachsen in Pflegefamilien und Wohngruppen, haben eine tiefe, geschwisterähnliche Beziehung. Inmitten des turbulenten Internatslebens sind sie füreinander zur liebsten Familie geworden, die man sich wünschen kann. Ein besonderes Symbol ihrer Freundschaft ist ein einfaches Gericht – der Nudelauflauf. Obwohl sie als beste Freundinnen manchmal nicht einer Meinung sind, wissen sie, dass am Ende des Tages die Versöhnung wartet. Joyce glaubt fest daran, dass Probleme am besten bei einer gemeinsamen Mahlzeit geklärt werden können. Egal, ob ihr den Auflauf mit oder ohne Schinken zubereitet, er wird euch garantiert ein Lächeln aufs Gesicht zaubern. Gemeinsam zu kochen und ein leckeres Essen zu teilen macht so viel mehr Spaß! Guten Appetit!

Für 4 Portionen

250 g Nudeln
Salz
100 g TK-Erbsen
1 TL Butter
250 ml Sahne
2 TL Tomatenmark
1 Ei
1 Prise Pfeffer
1 Prise Muskat
Zwiebel
200 g gekochter Schinken
1 Schuss Öl
50 g Kirschtomaten
150 g geriebener Emmentaler

1. Die Nudeln nach Packungsanleitung in Salzwasser bissfest kochen, während der letzten 4 Minuten die TK-Erbsen zugeben und mitkochen, alles abseihen und abtropfen lassen.
2. Eine Auflaufform mit Butter einfetten und den Backofen auf 200 °C Ober-/Unterhitze vorheizen.
3. Sahne, Tomatenmark und Ei in einer Schüssel gut verquirlen, mit Salz, Pfeffer und Muskat würzen.
4. Zwiebel häuten und fein würfeln. Den gekochten Schinken in Würfel schneiden. Öl in einer Pfanne erhitzen und Zwiebel- und Schinkenwürfel kurz andünsten.
5. Nudeln und Erbsen mit den Zwiebel- und Schinkenstücken vermengen und in die Auflaufform geben. Kirschtomaten halbieren und auf dem Auflauf verteilen. Die Ei-Sahne-Mischung darübergießen und mit Käse bestreuen.
6. Den Nudelauflauf im vorgeheizten Backofen etwa 20 Minuten goldgelb backen.

Tipp:

Anstelle des Schinkens kannst du auch verschiedene Gemüsesorten nutzen.

Salat »to go«

Und für alle Salat-Fans kommt hier der Verkaufsschlager aus dem »Eat Smart & Green«.
Stellt euch vor, ihr habt ein großes Glas voller bunter Zutaten, die nicht nur super schmecken, sondern auch voller guter Sachen für euren Körper sind. Dieser Salat »to go« ist perfekt für ein Picknick, eine Pause im Schulalltag oder einfach für zwischendurch, wenn ihr Lust auf etwas Frisches und Knackiges habt.
In diesem Salat stecken viele verschiedene Aromen und gesunde Zutaten: Da sind zum Beispiel die Gurken, die schön knackig sind und viel Wasser enthalten, was super für eure Haut und euren Körper ist. Die Kartoffeln geben euch Energie und halten euch lange satt. Petersilie sieht nicht nur grün und frisch aus, sondern ist auch voller Vitamine. Karotten sind großartig für eure Augen, weil sie viel Vitamin A enthalten. Die kleine Chili gibt dem Salat eine spannende, leicht scharfe Note. Spinat ist ein echtes Superfood, das euch stark macht, und die Sprossen sind kleine Kraftpakete voller Nährstoffe. Radieschen sind knackig und sorgen für eine frische Note. Kürbiskerne und Cashewnüsse sind nicht nur lecker, sondern auch gesund – sie enthalten gute Fette und Eiweiß. Auch Erbsen und weiße Bohnen sind super Eiweißquellen, und die Rote Bete bringt Farbe und Vitamine in den Salat.
Das Dressing aus Senf, Honig, Essig, Salz, Pfeffer und Olivenöl ist die geheime Zutat, die alles zusammenbringt und superlecker schmeckt. Ihr schichtet alle Zutaten in ein Glas und lasst sie über Nacht im Kühlschrank durchziehen. Am nächsten Tag habt ihr einen frischen, knackigen Salat, der voller Energie steckt und euch durch den Tag hilft.
Der Salat »to go« ist wie ein buntes Abenteuer in einem Glas – probiert es aus und entdeckt, wie lecker gesundes Essen sein kann!

Für 2 Personen

½ Glas Salatgurken

2 festkochende Kartoffeln

Salz

½ Bund Petersilie

2 Karotten

½ Chili

80 g Blattspinat

50 g Sprossen

2 Radieschen

50 g Kürbiskerne

50 g Cashewnüsse

150 g Erbsen

150 g weiße Bohnen

80 g Rote-Bete-Salat (Glas)

Für das Dressing

1 TL mittelscharfer Senf

1 TL Honig

2 EL Essig

Meersalz

schwarzer Pfeffer aus der Mühle

4 EL Olivenöl

1. Gurken in kleine Würfelchen schneiden.
2. Kartoffeln waschen und in Salzwasser in 15 Minuten gar kochen, herausnehmen, abkühlen lassen, schälen und in Würfel schneiden.
3. Petersilie, Karotten, Chili, Blattspinat, Sprossen und Radieschen waschen. Die Petersilienblätter von den Stielen entfernen und klein hacken. Karotten schälen, mit einer Reibe fein hobeln. Chili, Blattspinat und Radieschen klein schneiden.
4. Kürbis- und Cashewkerne in einer Pfanne ohne Öl rösten, damit sie leicht braun werden.
5. Erbsen, weiße Bohnen und Rote-Bete-Salat abtropfen lassen.
6. Für das Dressing Senf, Honig, Essig, Salz und Pfeffer in einer Schüssel vermengen und unter ständigem Rühren das Olivenöl hinzugeben.
7. Zuerst das Dressing in das Glas geben.
8. Danach die Karotten, Erbsen, weißen Bohnen, Rote-Bete-Salat, Kartoffeln, Gurken, Kerne und Radieschen darauf aufschichten.
9. Zum Schluss Blattspinat, Sprossen und Petersilie hinzufügen.
10. Mit einem Deckel verschlossen über Nacht im Kühlschrank aufbewahren.
11. Vor dem Servieren einfach durchschütteln.

Ios Veggie-Burger

Io, die immer nach Wegen sucht, die Welt zu verbessern, beschließt, im Labor Fleisch zu züchten. Sie arbeitet hart an ihren Prototypen, aber leider führen ihre ersten Versuche zu Magenverstimmungen bei denen, die sie probieren. Aber Io gibt nicht auf. Ihre Entschlossenheit und ihr Einfallsreichtum führen sie schließlich zu einer pflanzlichen Alternative: Veggie-Burger-Pattys.

Für 4 Portionen

200 g getrocknete braune Linsen
Salz
Gemüsebrühe (optional)
1 Zwiebel
3 Knoblauchzehen
1 Karotte
2 TL Speiseöl + etwas mehr für die Pattys
1 ½ EL Sojasoße
1 EL Tomatenmark
1 EL Paprikapulver
½ Bund frische Petersilie (fein gehackt)
60 g Semmelbrösel
Pfeffer
1 Tomate
1 Gurke
4 Salatblätter
4 Burger-Brötchen
4 TL Burger-Soße
4 Scheiben Burger-Käse

1. Linsen abspülen und abtropfen lassen. In einen Topf mit 2 Tassen Salzwasser oder Gemüsebrühe geben und zum Kochen bringen. Hitze reduzieren und zugedeckt etwa 30 Minuten kochen, bis die Linsen gar sind. In ein Sieb geben und abkühlen lassen.
2. Zwiebel und Knoblauch häuten und fein hacken. Karotte raspeln.
3. In einer Pfanne das Öl erhitzen. Zwiebel darin 2–3 Minuten anbraten, bis sie glasig ist. Knoblauch hinzufügen und 1 weitere Minute braten, dann Karotten und Sojasoße hinzufügen und unter gelegentlichem Rühren einkochen lassen, bis die Flüssigkeit verdampft ist.
4. Linsen, gebratene Karottenmischung, Tomatenmark, Paprikapulver, Petersilie und die Hälfte der Semmelbrösel in eine Küchenmaschine geben und zu einer groben Masse mixen. Mit Salz und Pfeffer abschmecken.
5. Die restlichen Semmelbrösel hinzufügen und nochmals kurz durchmixen, bis alles gut vermischt ist, in eine Schüssel geben, abdecken und mindestens 30 Minuten im Kühlschrank ruhen lassen. Wenn die Mischung nach dem Kühlen zu feucht ist, einfach mehr Semmelbrösel hinzufügen. Wenn sie zu trocken ist, etwas Wasser hinzufügen.

6. Masse zu 4 großen Burger-Pattys formen.
7. Etwas Öl in einer beschichteten Pfanne bei mittlerer bis hoher Hitze erhitzen. Die Pattys hineingeben und auf jeder Seite etwa 5–6 Minuten braten, bis sie goldbraun und knusprig sind (vorsichtig wenden).
8. Tomate und Gurke in Scheiben schneiden. Salatblätter waschen und trocken schütteln.
9. Die Burger-Brötchen halbieren mit Pattys, Salat, Tomaten, Soße, Käse und Gurken belegen.

Joshuas »Quick and Easy« -Gemüsepuffer

Joshua Hockenbrink, der scharfsinnige Denker von Schloss Einstein, ist bekannt für sein ausgeprägtes Argumentationstalent und seine Liebe zu kniffligen Rätseln. Wenn es ums Kochen geht, bevorzugt Joshua Rezepte, die schnell, einfach und dennoch interessant sind – genau wie die »Quick and Easy«-Gemüsepuffer. Die werden euch auf jeden Fall schmecken. Und wenn nicht, dann wird Joshua, der immer darauf besteht, recht zu haben, seine Kreation mit der typischen Logik und Überzeugungskraft verteidigen.

Für 2 Portionen

2 Zwiebeln

2 festkochende Kartoffeln

2 Karotten

1 Zucchini

1 Paprika

2 Eier

6 EL Haferflocken

8 EL Mehl

1 Prise Salz

1 Prise Pfeffer

1 kleiner Bund Schnittlauch

3 EL Sonnenblumenöl

1. Zwiebeln schälen und fein würfeln. Kartoffeln schälen und klein würfeln. Karotten, Zucchini und Paprika ebenso klein würfeln. Alles vermengen.
2. Eier, Haferflocken, Mehl, Salz und Pfeffer unterrühren. Schnittlauch waschen, in kleine Röllchen schneiden und unterkneten.
3. Masse 10 Minuten ruhen lassen, dann die ausgetretene Flüssigkeit abgießen. Sollte der Teig noch zu feucht sein, dann noch etwas Mehl oder Haferflocken unterkneten.
4. Öl in einer kleinen Pfanne erhitzen. Aus dem Teig flache Laibchen formen und von jeder Seite 5 Minuten bei mittlerer Hitze braten.

Tipp:

Dazu passt ein einfacher Kräuterquark. Dafür einfach 350 g Magerquark mit 250 g Joghurt, Salz, Pfeffer und gehackten Kräutern (wie Schnittlauch, Petersilie) untermengen. Mit etwas Zitronensaft abschmecken.

Nudeln für alle

Alle lieben Nudeln. Egal, ob du im Lernstress oder einfach nur neugierig aufs Kochen bist, diese Nudelkreationen werden dich begeistern. Übrigens: Die Fleischbällchen mit Spaghetti haben Dominik und Mila auch bei ihren Dates gegessen.

Tortellini alla Panna

Für 4 Portionen

200 g gekochter Schinken
150 g frische Champignons
1 Knoblauchzehe
30 g Parmesan
50 g Butter
300 ml Sahne
1 TL Bio-Zitronenabrieb
Salz
schwarzer Pfeffer aus der Mühle
1 Messerspitze frisch geriebene Muskatnuss
500 g frische Tortellini (Füllung nach Wahl)
½ Zweig frischer Basilikum

1. Den gekochten Schinken in Würfel schneiden. Champignons putzen und in dünne Scheiben schneiden. Knoblauch häuten und pressen. Parmesan reiben.
2. In einer großen beschichteten Pfanne die Butter schmelzen und darin die Schinkenwürfel und die Champignons bei mittlerer bis hoher Hitze etwa 3 Minuten anbraten, bis sie leicht gebräunt sind.
3. Sahne, Knoblauch und Zitronenabrieb in die Pfanne geben. Mit Salz, Pfeffer und Muskatnuss würzen.
4. Die Schinken-Sahne-Soße unter Rühren 2 Minuten köcheln lassen.
5. Parmesan und ungekochte Tortellini zugeben und ca. 3 Minuten (bitte die Garzeit auf der Verpackung der Tortellini beachten) köcheln lassen.
6. Die Tortellini alla Panna nach Belieben mit zusätzlichem Parmesan, Salz und Pfeffer aus der Mühle und frischen Basilikumblättern servieren.

Vegane Bällchen mit Spaghetti und Tomatensoße

Für 2 Portionen

Für die Bällchen

65 g Haferflocken
200 g Champignons
½ Zwiebel
2 Knoblauchzehen
1 Dose Kidneybohnen
1 EL Leinsamen
3 EL Wasser
50 g Walnusskerne
Olivenöl
1 Handvoll frisches Basilikum
1 TL Tamari-Soße
1 EL Tomatenmark
1 TL Oregano
½ TL Salz
1 TL geräuchertes Paprikapulver
Pfeffer
Chilipulver

1. Backofen auf 180 °C Ober-/Unterhitze vorheizen und ein Backblech mit Backpapier auslegen.
2. Haferflocken in der Küchenmaschine zu grobem Mehl verarbeiten.
3. Champignons putzen, Zwiebel schälen und beides würfeln. Knoblauchzehen schälen und fein hacken. Kidneybohnen in einem Sieb abtropfen lassen.
4. Leinsamen mit dem Wasser gut verrühren und aufquellen lassen, bis eine Art Gelee entstanden ist.
5. Walnusskerne fein hacken. In einer Pfanne ohne Öl rösten, bis sie goldbraun sind.
6. In einer weiteren Pfanne Öl erhitzen. Die Zwiebel ca. 3 Minuten darin anbraten. Knoblauch und Pilze hinzugeben, weitere 2–3 Minuten braten.
7. Gebratene Zwiebeln, Knoblauch und Pilze mit den Walnusskernen und den Kidneybohnen in die Küchenmaschine geben und kurz mixen.
8. Basilikum waschen und klein schneiden und dazugeben.
9. Haferflocken, Leinsamen-Gelee, Tamari-Soße, Tomatenmark und die Gewürze in die Masse einrühren. Gut vermengen und zu kleinen Kugeln formen.
10. Die Kugeln mit jeweils 1–2 cm Abstand auf das Backblech legen. Im Backofen für 25–30 Minuten goldbraun backen, nach der Hälfte der Zeit die Kugeln wenden.

Für die Tomatensoße

½ Zwiebel

2 Knoblauchzehen

¼ Tasse frisches Basilikum

1 EL Olivenöl

1 Dose gehackte Tomaten

2 EL Tomatenmark

1–2 TL Gemüsebrühepulver

Salz

Pfeffer

Außerdem

250 g Spaghetti

Salz

11. Währenddessen für die Soße Zwiebel und Knoblauch schälen und fein hacken. Basilikum waschen und klein schneiden.
12. Öl in einem Topf erhitzen. Zwiebel darin bei mittlerer Hitze ca. 5 Minuten glasig dünsten. Knoblauch hinzugeben, 1 weitere Minute andünsten.
13. Gehackte Tomaten, Tomatenmark, Gemüsebrühepulver und Basilikum dazugeben und 5 Minuten köcheln lassen. Mit Salz und Pfeffer abschmecken.
14. Spaghetti in Salzwasser kochen.
15. Fleischbällchen nach dem Backen zur Soße geben und zusammen mit den Spaghetti servieren.

Frühstück

Karls Knusperkekse

In Schloss Einstein sorgt eine mysteriöse Aktion für reichlich Rätselraten und Heiterkeit: Jemand hinterlässt überall im Internat aufmunternde bunte Haftnotizen. »Lächle, du bist großartig!« und »Heute ist ein guter Tag für einen guten Tag!« stehen auf diesen kleinen Botschaften des Glücks. Mit seinem typischen Eifer und seiner hilfsbereiten Art hat Karl kleine, aufmunternde Notizen geschrieben und sie überall im Internat versteckt: in Büchern, unter Kopfkissen, in Schultaschen und sogar in den Brotdosen seiner Mitschüler. Die Überraschung und das Rätselraten, wer wohl hinter diesen fröhlichen Nachrichten stecken konnte, sorgten für jede Menge Lacher und Diskussionen unter den Schülern. Bis heute hat niemand herausgefunden, von wem die Glücksbotschaften stammten. Karl liebt sein »Müsli«, aber eben in einer anderen Form: als leckere knusprige Kekse. Für ihn gibt es nichts Besseres, als seinen Tag mit einer Schüssel voller knuspriger Haferflockenkekse zu beginnen, die er liebevoll mit Schokotropfen verfeinert hat.

Für 4 Backbleche

220 g Kokosöl oder Palmin

50 g Zucker

110 g brauner Zucker

2 TL Vanilleextrakt

2 Eier

280 g Mehl, gern auch Dinkelmehl

180 g kernige Haferflocken

1 TL Backpulver

½ TL Salz

200 g Schokotropfen

1. Backofen auf 180 °C Ober-/Unterhitze vorheizen und ein Backblech mit Backpapier auslegen.
2. Kokosöl oder Palmin in einem kleinen Topf schmelzen lassen und kurz abkühlen lassen.
3. Geschmolzenes Kokosöl oder Palmin mit Zucker, braunem Zucker, Vanille und Eiern verrühren.
4. Mehl, Haferflocken, Backpulver und Salz unterrühren, dann die Schokoladentropfen unterheben.
5. Aus dem Teig kleine Kugeln formen (ca. 5–8 g pro Kugel), auf das Backblech legen und 8 Minuten backen. Vollständig auskühlen lassen.

Tipp:

Ihr könnt die Kekse in einem luftdichten Behälter bis zu 1 Woche aufbewahren. Also perfekt für alle, die ihre Frühstücksroutine im Voraus planen möchten.

Schnelle Schokoladenbrötchen

Die schnellen Schokoladenbrötchen von Schloss Einstein sind mehr als nur ein einfacher Snack – sie sind ein Stückchen Glück, das in der Schulgemeinschaft geteilt wird. Diese fluffigen, süßen Leckereien, die in nur 30 Minuten zubereitet sind, bringen eine besondere Freude in die Pausen und haben sich einen festen Platz in den Herzen aller Einsteiner gesichert.

Für 6 Stück

1 Ei

300 g Mehl

3 TL Olivenöl nativ extra (alternativ Kokosöl)

3 TL Milch

140 g griechischer Joghurt

80 g Zucker

1 TL Vanilleextrakt

1,5 TL Backpulver

1 Prise Salz

250 g Chocolate Chips oder Schokoladentropfen

1. Backofen auf 175 °C Ober-/Unterhitze vorheizen und ein Backblech mit Backpapier auslegen.
2. Das Ei trennen.
3. Mehl, Eiweiß, Öl, 2 EL Milch, Joghurt, Zucker, Vanilleextrakt, Backpulver und Salz verkneten. Chocolate Chips unter den Teig mischen
4. Teig zu einer Rolle formen und in 6 gleich große Stücke teilen. Aus jedem Teil ein kleines Brötchen formen und auf das Backblech legen.
5. Eigelb mit 1 EL Milch verquirlen und die Brötchen damit einpinseln.
6. Im Backofen etwa 20 Minuten backen, dann ist die Schokolade wunderbar geschmolzen.

Olivenöl in Brötchen?

In den Schokoladenbrötchen von Schloss Einstein liegt eine besondere Zutat verborgen: Olivenöl. Die Verwendung von Olivenöl in diesen Brötchen ist kein gewöhnlicher Schritt in der traditionellen Backkunst, hat aber einen erstaunlichen Einfluss auf den Geschmack und die Konsistenz des Gebäcks.

Geschmackstiefe: Olivenöl ist bekannt für seinen reichhaltigen, leicht fruchtigen Geschmack. In den Schokoladenbrötchen verbindet es sich harmonisch mit der Süße der Schokolade, wodurch ein komplexeres und interessanteres Geschmackserlebnis entsteht. Das Öl hebt die schokoladigen Noten hervor und sorgt für ein intensiveres Aroma.

Feuchte Konsistenz: Im Gegensatz zu Butter, die oft in Backrezepten verwendet wird, trägt Olivenöl dazu bei, die Brötchen feucht und luftig zu halten. Die Textur wird somit zarter und weniger bröckelig, was besonders bei Schokoladenbrötchen erwünscht ist.

Längere Frische: Ein weiterer Vorteil von Olivenöl ist, dass es dazu beiträgt, dass die Brötchen länger frisch bleiben. Die Fettsäuren im Öl binden die Feuchtigkeit, wodurch die Brötchen auch nach einigen Tagen noch weich und lecker sind.

Gesundheitsaspekt: Olivenöl ist reich an einfach ungesättigten Fettsäuren und Antioxidantien, was es zu einer gesünderen Wahl im Vergleich zu gesättigten Fetten wie Butter macht. Das macht die Schokoladenbrötchen zu einer etwas gesünderen Option.

Simons Experimente-Porridge

Simon Reuter, der sportbegeisterte Charmeur von Schloss Einstein, startet jeden Morgen mit einer Schüssel Porridge in den Tag. Als Sportler weiß er, wie wichtig ein nahrhaftes und energiereiches Frühstück ist. Aber Simon wäre nicht Simon, wenn er sich jeden Tag mit demselben alten Porridge zufriedengeben würde. Nein, bei ihm gibt es unzählige Varianten – von klassischem Haferbrei mit Früchten bis hin zu exotischen Kreationen mit Superfoods und ungewöhnlichen Toppings. Er liebt es, zu experimentieren und jeden Tag etwas Neues auszuprobieren, denn wer weiß schon heute, worauf er morgen Lust hat?
Eine lustige Geschichte, die sich um Simons Frühstück dreht, passierte an einem Morgen, als er beschloss, sein Porridge mit allem, was vorhanden war, aufzumotzen. Er fügte Beeren, Nüsse, Honig, Schokoladenstückchen und sogar ein wenig Chilipulver hinzu – er wollte es so richtig spannend machen. Simon war so begeistert von seiner Kreation, dass er jedem, der vorbeikam, eine Kostprobe anbot. Leider hatte er mit dem Chilipulver etwas übertrieben. Die ersten Bissen waren köstlich, aber dann setzte die Schärfe ein. Seine Mitschüler reagierten mit überraschten Gesichtern, einigen Hustenanfällen und viel Gelächter. Simon selbst konnte nicht anders, als mitzulachen, als er sah, welche Wirkung sein »Feuer-Porridge« hatte.

Für 1 Portion

Grundrezept

50 g Haferflocken

250 ml Wasser, Milch oder Pflanzendrink nach Wahl

1 Prise Salz

1. Haferflocken in einer Pfanne ohne Fettzugabe kurz anrösten.
2. Wasser, Milch oder Pflanzendrink mit Salz in einen Topf geben und erwärmen. Geröstete Haferflocken zugeben und unter Rühren zum Kochen bringen.
3. Nach 5 Minuten sollte die Masse schön eingedickt sein, dann vom Herd nehmen und mit Toppings versehen.

Variationen à la Simon

Simons Porridge ist nicht nur ein Frühstück, es ist wie eine Schatzkiste voller verschiedener Aromen und gesunder Zutaten. Jeder Löffel ist wie eine Entdeckungsreise für eure Geschmacksknospen und gibt euch die Energie, die ihr braucht, um jeden Tag zu einem Abenteuer zu machen. So, wie Simon es auf Schloss Einstein tut! Hier hast du noch einige Variation, wie du dein Porridge aufpeppen kannst:

Fruchtige Variation

Füge während des Kochens geschnittene Früchte wie Bananen, Erdbeeren, Blaubeeren oder Äpfel hinzu, um dem Porridge eine natürliche Süße und Frische zu verleihen. Toppe es mit Honig oder Ahornsirup und einigen gehackten Nüssen für zusätzlichen Crunch.

Schokoladenliebhaber-Porridge

Rühre 1 EL Kakaopulver und etwas Zimt in den Porridge ein, während er kocht. Du kannst auch Schokoladenstückchen hinzufügen oder den Porridge mit Schokoladensoße oder Schokoladenstreuseln toppen.

Nussige Variante

Mische gehackte Nüsse wie Mandeln, Walnüsse oder Cashews in den Porridge für zusätzlichen Geschmack und Textur. Füge 1 EL Mandelbutter oder Erdnussbutter hinzu, um einen reichhaltigeren Geschmack zu erzielen.

Gewürzte Version

Füge Gewürze wie Zimt, Vanilleextrakt oder Kardamom hinzu, um dem Porridge ein wärmendes Aroma zu verleihen. Garniere ihn mit Honig und einer Prise Muskatnuss.

Herbstliche Variante

Verwende statt Wasser oder Milch Apfelsaft oder Birnensaft, um einen herbstlichen Geschmack zu erzielen. Füge dann Zimt und gehackte Äpfel oder Birnen hinzu und toppe den Porridge mit gerösteten Kürbiskernen.

Tropische Version

Verwende Kokosmilch statt normaler Milch und füge frische oder getrocknete tropische Früchte wie Ananas, Mango oder Kokosflocken hinzu. Tropischer Honig oder Agavensirup passen gut dazu.

Protein-Porridge

Mische Proteinpulver oder griechischen Joghurt in den Porridge, um deine Proteinzufuhr zu erhöhen. Toppe ihn mit Beeren und 1 TL Chiasamen für zusätzliche Textur und Nährstoffe.

Herzhafte Variante

Statt süßen Toppings kannst du den Porridge herzhaft zubereiten. Füge geriebenen Käse, gehacktes Gemüse wie Spinat oder Tomaten und ein pochiertes Ei hinzu. Mit Salz und Pfeffer abschmecken.

Fabs' Fitness-Granola

Fabs Hoods, eine herausragende Sportlerin, war für ihren Ehrgeiz und ihre beeindruckenden sportlichen Leistungen bekannt. Und als Sportlerin liebte sie ihr Fitness-Granola zum Frühstück. Und obwohl Fabs oft als eigenständig und manchmal sogar als Einzelgängerin gilt, teilte sie dieses besondere Granola sogar mit ihrer Freundin Rosa. Hier zeigte Fabs, die nicht unbedingt als die größte Teilerin bekannt ist, eine sanftere, großzügigere Seite.

Für 12 Portionen

40 g Kokosöl
70 g Honig
200 g Haferflocken
100 g Cashewkerne
50 g Mandeln
50 g Walnüsse
50 g Sonnenblumenkerne
50 g Kürbiskerne
30 g Sesam
30 g Chiasamen
20 g Erdnüsse
10 g Kokosraspel
40 g getrocknete Cranberrys
20 g getrocknete Apfelchips
Zimt
Salz

1. Backofen auf 120 °C Ober-/Unterhitze vorheizen und ein Backblech mit Backpapier auslegen.
2. 20 g Kokosöl und 35 g Honig in einem Topf erhitzen, bis die Masse flüssig wird.
3. Topf vom Herd nehmen und die Haferflocken hinzugeben. Gut mischen, bis die Haferflocken die Flüssigkeit aufgenommen haben.
4. Die Masse auf dem Blech verteilen und für 15–20 Minuten braun backen.
5. Restliche Zutaten außer Honig und Kokosöl in einer Schüssel mischen.
6. Restlichen Honig und Öl in einem Topf erwärmen. Vom Herd nehmen und unter die Nussmischung hinzugeben. Wieder alles so lange verrühren, bis die Flüssigkeit aufgenommen ist.
7. Die Nussmischung nun auf die gebackenen Flocken geben und miteinander vermischen.
8. Die Temperatur im Ofen auf 75 °C reduzieren. Das Granola für 10 Minuten backen. Herausnehmen und abkühlen lassen.

Tipp:

Luftdicht verschlossen hält sich das Granola mindestens 2 Wochen.

Badus Sportlerriegel und Algenshake

Badu Barry, immer fröhlich und mit einem Spruch auf den Lippen, hat in seiner Zeit am Sportgymnasium und im Sportinternat von Erfurt bleibende Eindrücke hinterlassen. Seine Begeisterung für den Sport und sein unerschütterliches Selbstbewusstsein machten ihn zu einem guten Freund und verlässlichen Mitschüler.
Die Herausforderung, die richtige Balance zwischen dem Trainersein und dem Brudersein zu finden, insbesondere in der Interaktion mit Annika, die sich nicht so leicht »coachen« ließ, war eine wertvolle Lernerfahrung für ihn.
Am liebsten isst Badu Müsliriegel ohne weißen Zucker und sein legendärer »Algenshake« bringt ihm genug Power für den Tag.

Badus Müsliriegel ohne Zucker

Für 12 Portionen

100 g Haferflocken
100 g Mandeln
100 g Erdnüsse
50 g getrocknete Datteln
50 g Cranberrys
20 g Leinsamen
70 g Margarine
2 EL Mandelmus
½ TL Zimt
1 Prise Salz

1. Backofen auf 160 °C Ober-/Unterhitze vorheizen und ein Backblech mit Backpapier auslegen.
2. Haferflocken, Mandeln, Erdnüsse, Datteln, Cranberrys und Leinsamen im Mixer zerkleinern.
3. Margarine in einem Topf erwärmen.
4. Margarine mit Mandelmus, Zimt und Salz in einer Schüssel gut vermengen. Nussmischung hinzugeben und alles zu einer klebrigen Masse kneten.
5. Die Masse auf dem Backblech nicht höher als 1 cm verteilen. Im Ofen für 25 Minuten backen.
6. Aus dem Ofen nehmen, in Riegel schneiden und auskühlen lassen, damit sie aushärten.

Tipp:
Es gibt mittlerweile viele tolle Müsliriegelformen, darin werden sie von der Form her richtig perfekt.

Badus grüner Algenshake

Für 1 Portion

1 Handvoll frischer Spinat
1 reife Banane
1 kleiner Apfel
1 TL Spirulina-Pulver (oder andere essbare Algen)
200 ml Mandelmilch (oder eine andere Pflanzenmilch)
1 TL Honig oder Ahornsirup (optional)
Eiswürfel (nach Bedarf)

1. Spinat, Banane und Apfel gründlich waschen. Banane schälen, den Apfel entkernen und alles in Stücke schneiden.
2. Alle Zutaten in einen Mixer geben. Mixen, bis der Shake eine glatte, cremige Konsistenz erreicht.
3. Bei Bedarf mit Honig oder Ahornsirup süßen.
4. Für zusätzliche Kühle mit Eiswürfeln servieren.

Variationen

Gurken-Minz-Shake

Für 1 Portion

½ reife Banane

½ Gurke

1 Handvoll frische Minzblätter

Saft von ½ Limette

200 ml Kokoswasser

Eiswürfel (optional)

1. Banane schälen, Gurke und Minze waschen. Alles grob zerkleinern.
2. Alle Zutaten in einen Mixer geben und mixen, bis der Shake glatt ist.
3. Bei Bedarf mit Eiswürfeln servieren.

Kiwi-Avocado-Shake

Für 1 Portion

1 Handvoll frischer Spinat

2 reife Kiwis

¼ reife Avocado

200 ml Mandelmilch

1 TL Zitronensaft

1. Spinat waschen, Kiwis und Avocado schälen und grob zerkleinern.
2. Kiwis, Avocado, Spinat, Mandelmilch und Zitronensaft in einen Mixer geben und mixen, bis eine cremige Konsistenz entsteht.

Was ist Spirulina?

Spirulina ist ein Mikroorganismus, genauer gesagt eine blaugrüne Alge, die seit Jahrhunderten sowohl wegen ihres hohen Nährwerts als auch wegen ihrer vielfältigen gesundheitlichen Vorteile geschätzt wird. Sie wächst in natürlichen Süßwasserseen, vor allem in Gebieten mit hohem pH-Wert und hohen Temperaturen.

Nährstoffreiche Zusammensetzung

Proteine: Spirulina besteht zu etwa 60–70 Prozent aus Protein, was sie zu einer ausgezeichneten Proteinquelle macht.

Vitamine: Spirulina ist reich an B-Vitaminen, insbesondere B_{12}, was ungewöhnlich für pflanzliche Nahrungsquellen ist. Außerdem enthält sie die Vitamine A, C, D und E.

Mineralien: Spirulina ist eine gute Quelle für Eisen, Magnesium, Kalium und Kalzium.

Gesundheitliche Vorteile

Antioxidative Wirkung: Spirulina enthält Antioxidantien, die dazu beitragen können, oxidativen Stress zu reduzieren und das Immunsystem zu stärken.

Unterstützung der Herzgesundheit: Spirulina kann helfen, den Cholesterinspiegel im Blut zu senken und somit das Risiko für Herzerkrankungen zu verringern.

Anwendung in der Küche

Spirulina wird oft in pulverisierter Form verkauft und kann in einer Vielzahl von Rezepten verwendet werden. Sie verleiht Smoothies, Säften, Salatdressings und sogar Backwaren eine leuchtend grüne Farbe. Ihr Geschmack ist etwas gewöhnungsbedürftig, da sie einen ausgeprägten »algenartigen« Geschmack hat.

Qualität: Es ist wichtig, Spirulina von vertrauenswürdigen Quellen zu beziehen, um Kontaminationen mit Schadstoffen zu vermeiden.

Dosierung: Da Spirulina sehr nährstoffreich ist, sollte sie in kleinen Mengen konsumiert werden.

Spirulina wird aufgrund ihrer dichten Nährstoffzusammensetzung und vielfältigen gesundheitlichen Vorteile oft als »Superfood« bezeichnet. Sie ist eine beliebte Ergänzung für Menschen, die ihre Ernährung auf natürliche Weise bereichern möchten.

Kleine Kräuterkunde

Willkommen in der zauberhaften Welt der Küchenkräuter!

Kräuter sind wie kleine Schatztruhen voller Aromen und sie wachsen oft in Gärten oder in Töpfen auf Fensterbänken. Hier stellen wir euch einige dieser magischen Kräuter vor, die vielleicht sogar im Schloss-Einstein-Garten angebaut werden.

Diese Kräuter sind wie die Superhelden in eurer Küche. Sie verleihen eurem Essen Geschmack, machen es gesünder und bringen Spaß beim Kochen. Wir werden gemeinsam entdecken, wie man sie anpflanzt, pflegt und in verschiedenen Gerichten verwendet. Seid ihr bereit, in die Welt der Küchenkräuter einzutauchen? Dann lasst uns anfangen!

Basilikum

Anbau: Basilikum liebt die Sonne. Ihr könnt es in Töpfen oder im Garten anbauen. Sorgt dafür, dass der Boden gut durchlässig ist.

Verwendung: Basilikum ist perfekt für Tomatensalate, Nudelgerichte und Pizzen.

Petersilie

Anbau: Petersilie wächst in fast jedem Boden. Ihr könnt sie in Töpfen oder direkt im Garten anbauen.

Verwendung: Ihr könnt Petersilie auf Suppen, Kartoffeln oder als Garnierung auf viele Gerichte streuen.

Schnittlauch

Anbau: Schnittlauch wächst gut in Töpfen oder im Garten. Er mag lockeren Boden und Sonne.

Verwendung: Schneidet Schnittlauch in kleine Ringe und streut sie über Salate, Kartoffeln oder Suppen.

Minze

Anbau: Minze ist ziemlich robust und wächst fast überall. Achtet darauf, dass sie genug Wasser bekommt.

Verwendung: Minze ist großartig für erfrischende Getränke wie Minztee oder Limonade.

Oregano

Anbau: Oregano benötigt viel Sonne und gut durchlässigen Boden. Ihr könnt ihn in Töpfen oder im Garten anpflanzen.

Verwendung: Oregano verleiht Pizza, Pasta und Tomatensoße einen köstlichen Geschmack.

Thymian

Anbau: Thymian mag viel Sonne und gut durchlässigen Boden. Pflanzt ihn in Töpfe oder in den Garten.

Verwendung: Thymian ist perfekt für Brathähnchen, Suppen und Eintöpfe.

Rosmarin

Anbau: Rosmarin liebt die Sonne und gut durchlässigen Boden. Er kann in Töpfen oder im Garten wachsen.

Verwendung: Rosmarin verleiht Fleischgerichten, Kartoffeln und Brot einen tollen Geschmack.

Ihr könnt diese Kräuter leicht in eure Kochabenteuer einbeziehen und sehen, wie sie den Geschmack eurer Gerichte verbessern. Es macht Spaß, sie anzubauen und zu ernten, und ihr werdet stolz sein, sie in euren Mahlzeiten zu verwenden!

Meal-Prep für die Pausenbox: Eine Woche voller Energie und Geschmack

Meal-Prep, also das Vorbereiten von Mahlzeiten im Voraus, ist eine fantastische Methode, um gesunde und leckere Pausensnacks zu genießen. Es hilft, Zeit zu sparen, Geld zu sparen und sicherzustellen, dass du während des Schultages immer etwas Nahrhaftes zu essen hast.

Tipps für ein erfolgreiches Meal Prep

Plane deine Mahlzeiten und Einkäufe im Voraus.

Nutze vielseitige Zutaten, um verschiedene Gerichte zu kreieren.

Verwende frische und saisonale Produkte für mehr Geschmack und Nährstoffe.

Bewahre die Snacks in geeigneten Behältern auf, um Frische zu garantieren.

Meal-Prep für die Pausenbox ist nicht nur praktisch, sondern es ist auch ein Weg, um gesund und abwechslungsreich zu essen. Mit ein wenig Planung und Kreativität kannst du jede Pausenzeit zu einem kleinen kulinarischen Highlight machen!

Planung ist entscheidend: Für die kommende Woche einen Essensplan erstellen und alle benötigten Zutaten einkaufen.

Einfache Rezepte auswählen: Rezepte aussuchen, die einfach und schnell zuzubereiten sind, aber dennoch nahrhaft und lecker.

Portionierung beachten: Die Mahlzeiten in einzelnen Portionen vorbereiten, damit sie leicht mitzunehmen sind und die Portionsgrößen kontrolliert werden können.

Abwechslung schaffen: Verschiedene Lebensmittel auswählen, um eine ausgewogene Ernährung sicherzustellen.

Geeignete Aufbewahrung: Mahlzeiten in luftdichten Behältern aufbewahren, um Frische zu gewährleisten.

Beispiel für eine Woche

Montag:
Fruchtiger Quincasalat mit Äpfeln, Walnüssen und einem Schuss Zitronensaft

Ein kleines Joghurt für den extra Energiekick

Dienstag:
Vollkornwrap mit Hühnchenstreifen, Salat und einer leichten Joghurt-Kräutersoße

Eine Handvoll gemischte Nüsse für zwischendurch

Mittwoch:
Selbst gemachter Hummus mit Gemüsesticks (Karotten, Gurken, Paprika)

Ein Apfel oder eine Banane für den süßen Hunger

Donnerstag:
Pasta-Salat mit Kirschtomaten, Mozzarella und frischem Basilikum

Ein Müsliriegel als Snack

Freitag:
Sandwich mit Putenbrust, Salat und Tomate auf Vollkornbrot

Ein kleiner Obstsalat als süßer Abschluss der Woche

Mein Tipp: Meal-Prep finde ich am sinnvollsten, wenn man mit wenigen Zutaten viele neue Gerichte zaubern kann, sodass du wenig einkaufen musst und die Lebensmittel vollständig für die kommende Woche benutzen kannst. Nudeln sind ideal für Meal-Prep, da sie sich für eine Vielzahl von Gerichten eignen. Hier sind einige kreative Ideen, wie du mit einer Packung Nudeln abwechslungsreiche und leckere Pausenbox-Mahlzeiten für eine Woche zubereiten kannst.

Montag: Mediterraner Nudelsalat
Koche eine Packung Nudeln und vermische 100 g davon mit Kirschtomaten, Oliven, Feta und frischen Kräutern. Ein Dressing aus Olivenöl, Balsamico, Salz und Pfeffer gibt den finalen Geschmack. Stelle die restlichen Nudeln in den Kühlschrank.

Dienstag: Asiatischer Nudelsalat
Verwende die nächsten 100 g Nudeln vom Vortag und gib geraspelte Karotten, geschnittene Frühlingszwiebeln, Gurkenstreifen und geröstete Sesamsamen dazu. Ein Dressing aus Sojasoße, Sesamöl, ein wenig Honig und Limettensaft bringt einen asiatischen Touch.

Mittwoch: Nudeln mit Pesto
Mische gekochte Nudeln mit selbst gemachtem oder gekauftem Pesto. Für zusätzliche Proteine kannst du gekochte Hühnerbrust oder Kichererbsen hinzufügen. Ein paar Pinienkerne obendrauf sorgen für Crunch.

Donnerstag: Mexikanischer Nudelsalat
Vermische die Nudeln mit Mais, schwarzen Bohnen, gehackten Tomaten und Paprika. Ein würziges Dressing aus Limettensaft, Olivenöl, Kreuzkümmel und Chili gibt diesem Gericht eine mexikanische Note.

Freitag: Klassischer Nudelsalat mit Gemüse
Nimm die restlichen Nudeln und füge beliebiges Gemüse hinzu, das du noch übrig hast, wie Brokkoli, Erbsen oder Spinat. Ein einfaches Dressing aus Mayonnaise, Senf und einem Spritzer Zitrone passt perfekt.

Bibliografische Information der Deutschen Nationalbibliothek
Die Deutsche Nationalbibliothek verzeichnet diese Publikation in der Deutschen Nationalbibliografie. Detaillierte bibliografische Daten sind im Internet über https://dnb.de abrufbar.

Für Fragen und Anregungen
info@m-vg.de

SAXONIA MEDIA

Originalausgabe
1. Auflage 2024

Türkenstraße 89
80799 München
Tel.: 089 651285-0

Redaktion: Stephanie Kaiser-Dauer
Umschlaggestaltung und Layout: Pamela Machleidt
Umschlagabbildungen: Rückseite links: Saxonia Media, Rezeptfotos: Patrick Rosenthal
Abbildungen im Innenteil: S. 12, 13, 20, 22, 26, 28, 31, 43, 48, 50, 54, 58, 60, 67, 70, 80, 81, 84, 99, 102, 106, 114, 118, 124, 126, 148, 150, 152, 155, 159: Saxonia Media; alle übrigen Bilder: Patrick Rosenthal
Satz: inpunkt[w]o, Wilnsdorf (www.inpunktwo.de)
Druck: Florjancic Tisk d.o.o., Slowenien
Printed in the EU

ISBN Print 978-3-7423-2639-3
ISBN E-Book (PDF) 978-3-7453-0664-4
ISBN E-Book (EPUB, Mobi) 978-3-7453-0665-1

Wir produzieren nachhaltig
www.m-vg.de

Weitere Informationen zum Verlag findest du unter
www.rivaverlag.de
Beachte auch unsere weiteren Verlage unter www.m-vg.de